劉連朋
顧寶田 注譯

新譯

黃庭經‧陰符經

三民書局

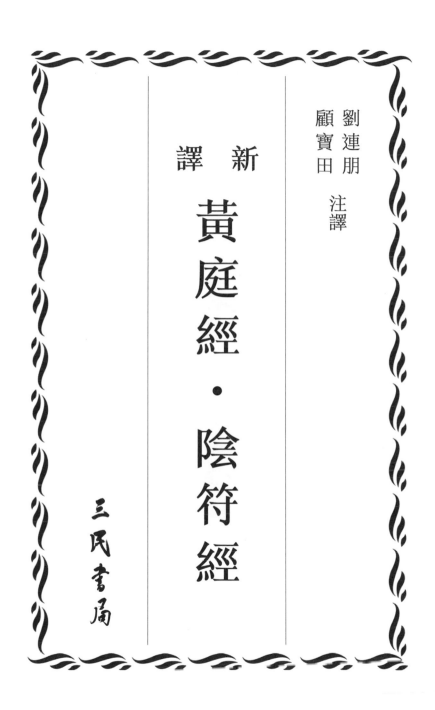

國家圖書館出版品預行編目資料

新譯黃庭經・陰符經／劉連朋,顧寶田注譯.——初版八刷.——臺北市：三民，2023
面；　公分.——(古籍今注新譯叢書)

ISBN 978-957-14-4907-4（平裝）
1. 黃庭經 2. 陰符經 3. 注釋

231.3　　96024225

古籍今注新譯叢書

新譯黃庭經・陰符經

注譯者　劉連朋　顧寶田
發行人　劉振強
出版者　三民書局股份有限公司
地　址　臺北市復興北路 386 號 (復北門市)
　　　　臺北市重慶南路一段 61 號 (重南門市)
電　話　(02)25006600
網　址　三民網路書店 https://www.sanmin.com.tw

出版日期　初版一刷 2008 年 1 月
　　　　　初版八刷 2023 年 3 月
書籍編號　S033020
ISBN　978-957-14-4907-4

三民書局

刊印古籍今注新譯叢書緣起

劉振強

人類歷史發展，每至偏執一端，往而不返的關頭，總有一股新興的反本運動繼起，要求回顧過往的源頭，從中汲取新生的創造力量。孔子所謂的述而不作，溫故知新，以及西方文藝復興所強調的再生精神，都體現了創造源頭這股日新不竭的力量。古典之所以重要，古籍之所以不可不讀，正在這層尋本與啟示的意義上。處於現代世界而倡言讀古書，並不是迷信傳統，更不是故步自封；而是當我們愈懂得聆聽來自根源的聲音，我們就愈懂得如何向歷史追問，也就愈能夠清醒正對當世的苦厄。要擴大心量，冥契古今心靈，會通宇宙精神，不能不由學會讀古書這一層根本的工夫做起。

基於這樣的想法，本局自草創以來，即懷著注譯傳統重要典籍的理想，由第一部的四書做起，希望藉由文字障礙的掃除，幫助有心的讀者，打開禁錮於古老話語中的豐沛寶藏。我們工作的原則是「兼取諸家，直注明解」。一方面熔鑄眾說，擇善而從；一方面也力求明白可喻，達到學術普及化的要求。叢書自陸續出刊以來，頗受各界的喜愛，使我們得到很大的鼓勵，也有信心繼續推廣這項工作。隨著海峽兩岸的交流，我們注譯的成員，也由臺灣各大學的教授，擴及大陸各有專長的學者。陣容的充實，使我們有更多的資源，整理更多樣化的古籍。兼採經、史、子、集四部的要典，重拾對通才器識的重視，將是我們進一步工作的目標。

古籍的注譯，固然是一件繁難的工作，但其實也只是整個工作的開端而已，最後的完成與意義的賦予，全賴讀者的閱讀與自得自證。我們期望這項工作能有助於為世界文化的未來匯流，注入一股源頭活水；也希望各界博雅君子不吝指正，讓我們的步伐能夠更堅穩地走下去。

新譯黃庭經・陰符經　目次

刊印古籍今注新譯叢書緣起

導　讀

新譯黃庭經

黃庭內景經

上清章第一……二

上有章第二……六

口為章第三……九

黃庭章第四……一一

中池章第五……………………一四
天中章第六……………………一六
至道章第七……………………一八
心神章第八……………………二二
肺部章第九……………………二五
心部章第十……………………二七
肝部章第十一……………………三〇
腎部章第十二……………………三二
脾部章第十三……………………三五
膽部章第十四……………………三八
脾長章第十五……………………四二
上睹章第十六……………………四七
靈臺章第十七……………………五一
三關章第十八……………………五四
若得章第十九……………………五六
呼吸章第二十……………………六〇
瓊室章第二十一……………………六二

常念章第二十二……六六
治生章第二十三……六九
隱影章第二十四……七三
五行章第二十五……七六
高奔章第二十六……七九
玄元章第二十七……八一
仙人章第二十八……八三
紫清章第二十九……八六
百穀章第三十……八八
心典章第三十一……九〇
經歷章第三十二……九二
肝氣章第三十三……九三
肺之章第三十四……九八
隱藏章第三十五……一〇〇
沐浴章第三十六……一〇六

上部經
一章……一一三
二章……一一五
三章……一一七
四章……一一八
五章……一二〇
六章……一二二
七章……一二三
八章……一二五
中部經
九章……一二八
十章……一三一
十一章……一三二
十二章……一三四
十三章……一三六
十四章……一三七
十五章……一三九

十六章……一四一

下部經

十七章……一四四

十八章……一四六

十九章……一四七

二十章……一四九

二十一章……一五一

二十二章……一五三

二十三章……一五五

二十四章……一五七

新譯陰符經

上篇……一六二

中篇……一六六

下篇……一七〇

導讀

本書合刊注譯《黃庭經》和《陰符經》二部道教典籍。它們的篇幅都不長，但皆為道教內丹理論與內丹修煉極為重要的經典。

一、黃庭經的成書經過

《黃庭經》是一部重要的道教經典，不僅奠定了上清經派的教理基礎，也是唐宋以來內丹說的主要理論來源之一。清人董德寧在其所撰《黃庭經發微》(《道貫真原》本)中說：「道書之古者，《道德》、《參同》、《黃庭》也。」以《道德經》為道教經典之鼻祖，下有《周易參同契》論外丹，《黃庭經》說內丹，皆為寶貴之古典。此說不無道理。

世傳《黃庭經》為一通名，其中包括《黃庭內景經》、《黃庭外景經》和《黃庭中景經》，因《中景經》晚出，故不與前兩種並論。

《黃庭內景經》又名《黃庭內景玉經》，亦稱《太上琴心文》，取誦此經可以和六腑、心神，修成神仙，如琴音與心意相和也；又稱《大帝金書》，取扶桑大帝在天宮誦讀此經，並以金簡刻寫之；又稱《東華玉篇》，取東方諸神所誦，刻書於玉之意。此書以七言韻語寫出，共二百三十九行，分為三十六章，每章以開頭二字為標題。《黃庭外景經》亦為七言韻語，共一百九十八行，不分章，而分上中下三部。具體分法主要有兩種。一為梁丘子注本和《道藏》白文本分法，上部經由開頭至「修德明達道之門」，共六十五句；中部經由「作道優游深獨居」至「還魂返魄道自然」，共三十六句；下部經由「璇璣懸珠環無端」至篇末，共一百零三句。此分法側重內容。務成子注本分法，上部經相同，中部經斷至「右酉左卯是吾室」，共六十四句，下部經由「伏於志門候天道」至篇末，共六十九句，三篇分量較均衡，故較通行，本書亦採用此分法。

《黃庭經》最早著錄於東晉葛洪《抱朴子・內篇・遐覽》，《舊唐書・經籍志》亦著錄《老子黃庭經》一卷，冠以老子，為唐人所加。晉代以後，傳播漸廣。特別是書法大師王羲之書《黃庭經》換鵝故事，更推動此書的傳播。《黃庭內景經》首見於陶弘景《真誥》及《登真隱訣》，可見此書魏晉時已有傳。唐代有梁丘子注內外經，影響較廣。唐末杜光庭《道教靈驗記》卷十二記載，華原姚生於逃難中，持誦《黃庭經》，得免災禍故事。反映唐代已有注釋和持誦者。北宋王堯臣等編撰《崇文總目》，著錄《黃庭經》撰述凡八種。南宋鄭樵《通志・藝文略》道家類黃庭門著錄三十種五十七卷。這些資料反映由晉至宋，《黃庭經》在世間傳播日廣。唐李白〈送賀賓客歸越〉：「山陰道士如相見，應寫《黃庭》換白鵝。」詩句反映此書在文人學士中亦頗流行。

現行《黃庭內景經》和《黃庭外景經》之作者、成書年代、學說淵源、內景外景先後問題等，說法不一，這裡只能對較通行者作簡要介紹。

關於《黃庭經》之作者，宋謝守灝《混元聖紀》載：「帝嚳時老君降世，號錄圖子，談《黃庭》之妙言。」元趙道一《歷世真仙體道通鑑・錄圖子傳》：「錄圖子，帝嚳時降於江湄，說《黃庭經》，教《易》清和之道。」《內景經》首句：「上清紫霞虛皇前，太上大道玉晨君。閑居蕊珠作七言，散化五形變萬神。是為《黃庭》曰內篇。」以為玉晨君作。《外景經》首句：「老子閑居作七言」，以為老子作。錄圖子、玉晨君皆傳說中之神人，不足憑信，老子雖有其人，但與《黃庭經》無涉。上述說法不過是托神以自重的手法，道書中常見的，不足為據。

《黃庭經》由口頭流傳到形成定本，經歷了複雜過程。據王明先生考證：「《黃庭》思想，魏晉之際，已漸流行，修道之士，或有密藏七言韻語之《黃庭》手稿，夫人（指魏華存）得之，詳加研審，撰為定本，並予注述；或有道士口授，夫人記錄，詳加詮次。」就是說，《內景經》是由魏華存依據民間祕本或依道士口授，編撰而成。

魏華存（二五二～三二四年）字賢安，任城（今山東濟寧）人，晉司徒魏舒之女。自幼博覽百家，通五經，尤好老、莊，志慕神仙，常服胡麻散、茯苓丸，靜居行吐納導引術，欲獨身修仙，父母不許。年二十四，父母強制其嫁給太保掾南陽劉文為妻，生有二子，長曰璞，次曰瑕。後別居，持齋修道，廣收道教祕典，虛心修煉。忽有多位仙人造訪，有清虛真人王褒授予「神真之道」，景林真人授給《黃庭經》。又說「扶桑大帝君命暘谷神仙王傳魏夫人」《黃庭內景經》等。其後，劉文死去，又遭逢亂世，魏與家人逃難，仍不忘修煉，並撰述《黃庭經法》云云。（詳見《太平廣記》卷五八《魏夫人傳》，《內景經》務成子注序等）剔出材料中托神說之迷霧，可初步推斷，魏華存在此期間得《黃庭》祕本或道士口授，經整理詮次，約在晉太康九年（二二八年）前後，撰成《黃庭內景經》定本。此外，《道藏輯要》氏集收有《元始大洞玉經》三卷、《元始大洞玉經疏要十二義》一卷、《大洞玉經壇義》一卷、《總論》一卷，均題魏華存疏義，可見其在撰述道教典籍中的重要貢獻。為此她被尊奉為上清派第一代宗師，號南岳夫人。其後，《黃庭內景經》由其子劉璞傳給楊義，又及於許穆、許玉斧父子，而廣泛傳播開來。

《黃庭外景經》約在晉咸和九年（三三四年）魏華存逝世後出世，為東晉文士本《內景經》之宗旨縮編而成。王明先生主此說（詳見《道家和道教思想研究》一書收錄之〈黃庭經考〉）。清董德寧認為，《外景經》係「隱括〈內篇〉之旨，重為解說人身之諸神，以暢述修煉之微義。」亦主《內景經》在先。而宋歐陽脩、周必大則主《外景經》在先。（見歐陽脩《集古錄跋尾》卷十《刪正黃庭序》，周必大《益公題跋》卷十一）此說頗有從者。《內景經》與《外景經》相比較，內容基本一致，只是結構次第有些差別。《內景經》內容較豐富，層次較分明；《外景經》則行文簡明曉暢，略去對臟腑神名和功能的靜態介紹，較少神祕性。

兩篇多有相近或相同文句，很可能是二篇同源，編撰者依志趣加工潤色，而形成之不同版本。

二、黃庭經的主要內容

《黃庭內景經》含義，說法眾多，梁丘子解較全面。他說：「黃者，中央之色也；庭者，四方之中也。外指事，即天中、人中、地中；內指事，即腦中、心中、脾中，故曰黃庭。內者，心也；景者，象也。外象諭，即日、月、星辰、雲霞之象；內象諭，即血肉、筋骨、臟腑之象也。心居身內，存觀一體之象色，故曰內景也。」這段話先釋黃庭為人體修煉時的中空景象，內之腦、心、脾，與外之天、人、地相應。次釋內景。內為心，景為象。綜合論之，就是使人保持身體虛靜，以存思內外景象和相應諸神，以此為學仙之要妙，羽化之根本。這種解釋大體概括了《黃庭經》的宗旨和修煉方法。

《黃庭外景經》同樣以存思內景為主，稱之為「外景實和經意」，蓋唐人為與《內景經》相區別而立名，唐以前並無嚴格劃分。

《黃庭經》是宗教思想和醫學養生知識相雜揉的著作。它吸收古道書中人體臟腑皆有可主之神說，以及秦漢醫學的臟腑學說，構造了以存思諸神和服氣積精為主要內容的修仙理論。《內》、《外景》雖稍有差別，但大同小異，故放在一起介紹。

㈠、論述五臟和膽的生理功能

這部分主要內容是繼承古代醫書如《靈樞》、《素問》等成果，大體上合乎實際，較少神祕性。

如論述心的功能有：「調血理命身不枯，外應口舌吐五華。」（《內景經‧心部章第十》）「心為國主五臟王，受益動靜氣得行。」（《外景經‧中篇》）「心典一體五藏王……晝日曜景暮閉藏，通利華精調陰陽。」（《內景經‧心典章第三十一》）以心藏血液，為臟腑主宰，能調陰陽，辨五味，與口舌相通等等，與〈素問〉「心主身之血脈」（〈痿論〉）、「諸血者，皆屬於心」（〈五臟生成論〉）、「心者，君之官也，神明出焉」（〈靈蘭祕典論〉）等說甚為相近。

如說肝的功能有：「主諸關鑑聽明始……和制魂魄津液平，外應眼目日月清。」（《內景經‧肝部章第十一》）「肝之為氣修而長，羅列五藏主三光。上合三焦下玉漿……精液流泉去臭香，立於玄膺舍明堂。」（《外景經‧中部經》）這些詩句蘊含肝主聰明、謀慮，與眼相應，與三焦相和，能和魂制魄、調理津液等作用。這與《素問‧靈蘭祕典論》：「肝者，將軍之官，謀慮出焉。」《靈樞‧九針論》：「肝藏魂。」等說法亦很接近。

脾之功能有：「主調百穀五味香，辟卻虛羸無病傷。外應尺宅氣色芳。」（《內景經‧脾部章第十三》）「治人百病消穀糧。」（《內景經‧脾長章第十五》）「通利六府調五行。金木水火土為王，通利血脈汗為漿，修護七竅去不祥。」（《外景經‧下部經》）等，對脾與胃腸相合，消化食物，提供營養，通利血脈，健骨潤膚，去除病害諸般功能，記述得較合實際。

肺的功能有：「七元之子主調氣，外應中岳鼻齊（臍）位。」（《內景經・肺部章第九》）「調理五華精髮齒……開通百脈血液始。」（《內景經・肺之章第三十四》）「肺之為氣三焦起，上座天門候故道。津液醴泉通六府，隨鼻上下開兩耳。」（《外景經・下部經》）肺主調氣，與鼻、臍相通，起於三焦，貫通臟腹。肺氣充足可黑髮固齒等。

腎的功能有：「主諸六府九液源，外應兩耳百液津。」（《內景經・腎部章第十二》）「兩腎之神主延壽。」（《內景經・經歷章第三十二》）「五藏之主腎最精。伏於太陰成吾形，出入二竅合黃庭。呼吸虛無見吾形，強我筋骨血脈盛。」（《外景經・下部經》）腎在腑腔下部，為生命之本源，腎精充足則筋骨壯，血氣足，耳聰目明，精力旺盛，延年益壽；腎精不足則相反，身體衰弱，精神萎靡，虛損早亡。

膽之功能有：「主諸氣力攝虎兵，外應眼童鼻柱間，腦髮相扶亦俱鮮。」（《內景經・膽部章第十四》）膽主氣力、決斷，使人有威，膽與眼睛、面部、頭髮相應，喜怒皆由此表現出來。

上述臟腑功能，皆與傳統醫說相近似，可從古醫書中找到相應根據，《黃庭經》將這些內容運用於養生修煉實際，有其合理成分。但這部分內容是經過改造、重組，納入到宗教神學體系的，以為立論的依據，因此，其科學性方面已被嚴重削弱，且不是本經宗旨所在，對此應有客觀的認識。

二、人體集萬神

《黃庭經》繼承《太平經》五臟有神及思神除病之說，並加以發展。認為人是集萬神於一身的。提出「兼行形中八景神，二十四真出自然」（《內景經・治生章第二十三》），認為人體分上中下三部，每部都有八景神守護，合為三部八景二十四真。王明先生綜合數種道書，歸納為：

上部八景神鎮在人身上元宮。有腦神名覺元子，字道都，形長一寸一分，白衣。髮神玄父華，字道衡，長二寸一分，玄衣。皮膚神名通眾仲，字道連，長一尺一分，黃衣。目神名靈監生，字道童，長三尺五分，青衣。項髓神名靈膜蓋，字道周，長五寸，白衣。膂神名益歷輔，字道柱，長三寸五分，白玉素衣。鼻神名仲龍玉，字道微，長二寸五分，青黃白色衣。舌神，名始梁歧，字道岐，長七寸，色赤衣。

中部八景神鎮在中元宮。有喉神名百流放，字道通，長八寸，九色衣。肺神名素靈生，字道平，長八寸一分，白衣。心神名煥陽昌，字道明，長九寸，赤衣。肝神名開君童，字道清，長六寸，青衣。膽神名德龍拘，字道入，長二寸六分，青黃綠色衣。左腎神名春元真，字道卿，長三寸七分，衣五色無常。右腎神名象他無，字道玉，長三寸五分，以白或黑。脾神名寶元全，字道騫，長七寸三分，正黃色。

下部八景神鎮在下元宮。有胃神名同來育，字道展，長七寸，衣黃衣。窮腸神名兆騰康，字道還，長二寸四分，黃赤衣。大小腸神名蓬送留，字道廚，長二寸一分，衣黃衣。胴中神名受厚勃，字道虛，長七寸一分，九色衣。胸膈神名廣英宅，字道中，長五寸，衣白衣。兩肋神名辟假馬，字道成，長四寸一分，赤白衣。左陽神名扶流起，字道圭，長二寸三分，青黃白衣。右陰神名包表明，字道生。

《黃庭經》並未將這些怪異的神名、身高、服色盡數列出。《內景經》之集中記載頭面七神，共十三神名號，多以器官形狀、部位、功能等方面命名。如：「髮神蒼華字太元，腦神精根字泥丸，眼神明上字英玄，鼻神玉壟字靈堅，耳神空閑字幽田，舌神通命字正倫，齒神崿鋒字羅千。」（《至道章第七》）「心神丹元字守靈，肺神皓華字虛成，肝神龍煙字含明，……腎神玄冥字育嬰，脾神常在字魂停，膽神龍曜字威明。」（《心神章第八》）人的頭髮有黑有白，名蒼華；生在頭上，頭為太元，故以頭名為字。心色赤，為身之主宰，名丹元；心主神靈，故字守靈。其他皆類此。（詳見兩章相關注釋）可見這些名字非隨意所加，而是有所依據的。此外，《內》、《外景經》還對神的居室、服飾、狀貌、顏色等等作了描述，這些描述多與該神所主器官之五行屬性、方位、功能等有密切聯繫。如心神服飾顏色為「丹錦飛裳披玉羅，金鈴朱帶坐婆娑」（《內景經・心部章第十》），心五行屬火，色赤，故佩以丹錦、朱帶、金鈴。如肝神，「肝部之宮翠重裏……青錦披裳佩玉鈴」（《內景經・肝部章第十一》），肝五行屬木，東方，色青，故佩以青錦、玉鈴，所居之宮亦是青色。如脾神，「脾部之宮屬戊已，中有明童黃裳裏……黃錦玉衣帶虎章」（《內景經・脾部章第十三》），脾屬土，色黃，故其宮土色，佩飾黃裳、黃錦等。這些形象皆為存思所現之內景。

《黃庭經》所列神名與前面三部八景神相比照，名號皆不相同，且缺失很多，如下部八神皆不載，只有胃神偶見。且諸道書所記神多不同，說明當時尚未形成較通行的稱謂，各自隨文所取用而已。《黃庭經》中神名，或多出自取。

三、存思通神

存思本為古代養生方法，被道教吸收為內煉之術。早期道教經典《太平經》即有存思五臟神「內可治身，外可除邪」之說，《黃庭經》推演開來，認為存思身中百神，可以長生成仙，並以此為基本的修仙方法。如說：「可用存思登虛空。」（《內景經・脾長章第十五》）。「百病千災急當存……使人長生昇九天。」（《內景經・腎部章第十二》）以存思為升仙要道。甚至認為人至垂死，亦可通過存思心神而獲救：「臨絕呼之亦登蘇，久久行之飛太霞。」（《內景經・心部章第十》）等等。

《真誥・協昌期》介紹了存思二十四真方法：「三八景二十四神，以次念之，亦可頓存三八，亦可平旦存上景，日中存中景，夜半存下景，在人意為之也。若外身幽岩，摒絕人事，內念神關，攝真納氣，將可平淡頓存三八景，二時又個重存一景，當亦佳也。……不存二十四神，不知三八景名字者，不得為太平民，亦不得為後聖之臣。」這裡講的是逐漸形成的較規範的存思方法和修煉存思方法的重要性。《黃庭經》的存思方法在此之前，是以存思體內諸神為主，重點在頭部、心、脾、腎等，存思其神之色、形、氣、服飾、名字等。其明顯特點是以三丹田和三黃庭為存思樞紐，並把存思與服氣積累結合修煉。

三丹田與黃庭三宮，上中相重，下則有異。上丹田與上黃庭宮皆指腦部，中丹田與中黃庭宮皆指心部，而下丹田指氣海、精門，下黃庭宮指脾。三田三宮為眾神聚居之所，彼此上下貫通，為存思之重點。

上丹田亦稱泥丸宮，泥丸為腦之具象，亦腦之字。泥丸宮上下左右前後皆有神居住之宮室。「泥丸百節皆有神……泥丸九真皆有房。方圓一寸處此中，同服紫衣飛羅裳。但思一部壽無窮，非各別住俱腦中。」（《內景經・至道章第七》）梁丘子注：「腦中丹田，百神之主。」據《大洞經》云：眉間卻入一寸為明堂，左明童君，右明女君，中明鏡神君；眉間卻入二寸為洞房，左無英雄，右白元君，中黃老君；眉間卻入三寸為丹田，亦名泥丸宮，左有原赤老君，右有帝卿君；又卻入四寸為流珠宮，有流珠真君居之；又卻入五寸為玉帝宮，玉清真母居之；又當明堂上一寸為天庭宮，上清真女居之，有東方之上一寸為極真宮，太極帝君居之；又丹田之上一寸為丹玄宮，有中黃太乙君居之；又流珠直上二寸為太皇宮，太上君居之。可見腦部結構複雜，諸神匯聚，為存思之重點部位，存思泥丸九真可延壽無窮。

中丹田亦稱絳宮，為心神所居，心為臟腑之主。「六腑五藏神體精，皆在心內運天經，晝夜存之自長生。」（《內景經・心神章第八》）五臟六腑各有所思，而心為主宰，故為存思重點。《內》、《外景經》中有多處論及心神之名字、氣色、服飾、神態及存思心神中的作用。

如「宅中有真常衣丹，審能見之無疾患。」（《內景經・天中章第六》）「心為國主五藏王，……晝日昭昭夜自守，渴可得漿饑自飽……通我精華調陰陽。」（《外景經・中部經》）等等，論心及心神處甚多，綜其大意為心為心神之主，存思心神可使陰陽和順，臟腑調均，去病患，治飢渴，長壽命等等。這些說法與《太平經》一脈相承。《太平經》載：「心則五臟之王，神之本根，一身之至（主）也。主執為善。」「凡人能執善，清靜自居。」便能「內自與腑中王者相見。」「心為延命，舉事理矣。」（見王明《太平經合校》第六八七～六八八頁）與《黃庭經》意甚相合。

下黃庭宮為脾神所居。脾居身體中部，與胃腸結合，組成消化系統，能消磨食物，為周身提供營養，生成血肉筋骨，支持生命體的持續運轉，存思脾腎意義重大。「脾中之神主中宮。朝會五藏列三光。上合天門合明堂，通利六府調五行。金木水火土為王，通利血脈汗為漿，修護七竅去不祥。二神相得化玉英，上稟天氣命益長。」（《外景經・下部經》）「脾部之宮屬戊己，中有明童黃裳裏……注念三老子輕翔，長生高仙遠死殃。」（《內景經・脾部章第十三》）脾屬土，色黃，處身之中，其神衣黃錦，住金臺城，主會和臟腑百神，使臟腑血脈通暢，能調和五行，修護七竅，存思脾神可益壽成仙。

下丹田又名氣海、精門、關元、命門等。《內景經・中池》有「橫津三寸靈所居」，橫津指臍，靈指下丹田，則其位置在臍下三寸處，亦有說在臍下一寸、二寸、二寸四分不等。董德寧《黃庭經發微》曰：「關元者，臍下之穴名，在小腹之間，不必拘於分寸。」其位置只是概而言之，未經解剖驗證。《內景經・脾長》：「或精或胎別執方，桃孩合延生華芒。」梁丘子注：「桃孩，陰陽神名，亦曰伯桃。《仙經》曰：『命門臍宮中有大君，名桃孩，字合延，衣朱衣。』」桃孩為下丹田之神，具陰陽二性。又據梁丘子注：「《玉曆經》云：下丹田者，人命元之根本，精神之所藏，五氣之元也。在臍下三寸，附著脊，號為赤子府。男子以藏精，女人以藏胎，主和合赤子，陰陽之門戶也。其丹田中氣，左青右黃，上白下黑。」下丹田於腎相合，為生命根源，百脈樞紐，尤為後世道家內丹家所重，認為它能儲存運轉真氣，係任督二脈諸氣運行的氣點，也是內煉過程中煉精化氣之所。故存思下丹田與存思腎神密不可分，對人延壽成仙意義重大。

三丹田之說是《黃庭經》最早提出的，為道教內丹說和氣功理論的重要來源之一。此外，經中還對存思肝神、肺神、腎神作了重點論述，不再一一介紹。

除存思體內諸神，經中也有論及存思日月星辰，以達到以內服外的目標。如說「出日入月呼吸存」（《內景經・上有章第二》），梁丘子注曰：「謂常存日月經兩目，使光與身合，則通真矣。」再如「上睹三元如連珠，落落明景照九隅」（《內景經・上睹章第十六》），謂常存思日月星三光之元，使與真合，可洞明內外。再如「高奔日月吾上道，鬱儀結璘善相保，乃見玉清虛無老，可以迴顏填血腦」（《內景經・高奔章第二十六》），言存思日月，則有神仙鬱儀、結璘保護，上升玉清仙界，還可使容顏不老，氣血腦髓充盈。存思外景常與服氣積精同時進行。

為存思內景之補充，此後之內煉說，在這方面有所加強。

(四)、服氣積精

服氣積精亦為《黃庭經》修煉的重要內容。提出「仙人道士非有神，積精累氣以為真」（《內景經・仙人章第二十八》），認為仙人道士並非生來如此，而是積精累氣修煉的結果，普通人認真修煉亦可達到。

服氣主要指調整呼吸和吸食日月星辰四時靈氣，使其在體內周流不息，產生充盈的津液，供人服食，使人成仙。如說「呼吸元氣以求仙」（《內景經・呼吸章第二十》），「出青入玄二氣煥，子若遇之升天漢」（同上《天中章第六》），把呼吸元氣，吐納陰陽，作為求仙之道。並描述了氣在體內存在和進行狀況。「三田之中精氣微」（《內景經・黃庭章第四》），「三氣徘徊得神明」（同上《隱藏章第三十五》），「琴心三疊舞胎仙，九氣映明出霄間」（同上《上清章第一》），元氣在三田精微存在，上下徘徊運轉，並與九天之氣相輝映，使人與天地同在。

服氣又與辟穀分不開，只有辟穀才能實現服氣的最高境界。因為「百穀之實土地精，五味外美邪魔腥。臭亂神明胎氣零，那從反老得還嬰。三魂忽忽魄糜傾。何不食氣太和精，故能不死入黃寧」（《內景經・百穀章第三十》），百穀、五味能臭亂神明，喪失先天元氣，修煉辟穀食氣，才得成仙。又說「人盡食穀與五味，獨食太和陰陽氣，故能不死天相溉」（《外景經・中部經》），普通人食五穀為生，修仙則要以食氣為生。效法巨龜的呼吸法，「象龜引氣致靈根」（同上），「呼吸廬間以自償」（同上〈上部經〉），就是把氣引入下丹田，以保持元氣不失，靠內循環來自我補償，維持生命運動的持續，如胎兒在母腹中靠臍帶呼吸相似，稱為胎息。所謂胎息，就是呼吸時口鼻已無感覺，僅靠下丹田有輕微起伏，也就是後天口鼻呼吸已停止，僅靠下丹田微弱起伏維持一息，此為練氣的至高境界。

精包括結精積存和寶精勿費兩方面。前者是通過服氣漱咽實現，後者是通過守好關竅，節欲保精，不妄施泄實現的。《黃庭經》認為，人在修煉服氣過程中，口腔內會產生大量津液，這些津液是五臟之精華，甜美清香，稱為胎津。長期漱咽胎津可以強身健體，去病延年，飛升成仙。如說「口為玉池太和官，漱咽靈液災不干。體生光華氣香蘭，卻消百邪玉鍊顏，審能修之登廣寒」（《內景經・口為章第三》）、「閉口屈舌食胎津，使我遂鍊獲飛仙」（同上《玄元章第二十七》）、「含漱金醴吞玉英，遂至不饑三蟲亡」（同上《脾長章第十五》）等等。通過漱咽津液，合氣液周流全身，滋潤三田、臟腑和七竅百脈，能使面色光滑，齒堅髮黑，體健身強，乃至長生成仙。如說「玉池清水灌靈根，審能修之可長存」、「玉池清水上生肥，靈根堅固老不衰」（《外景經・上部經》），「津液醴泉通六府，隨鼻上下開兩耳。……調和精華治髮齒」、「顏色光澤不復白」（同上〈下部經〉）這些都顯現服氣漱咽之功效。

積精就要寶精、愛精、不使漏泄，此為歷代道家所重之修煉法門。其要點有二：一是守好竅，寶精勿泄。如說「關塞三關握固停」（《內景經・脾長章第十五》），「結珠固精養神根，玉笢金籥常完堅」（同上《玄元章第二十七》），此為一般固精護氣方法。二是戒慎房事，嚴禁放縱淫慾，施泄無度。如說「長生至慎房中急，何為死作令神泣，忽之禍鄉三靈歿」（同上《瓊室章第二十一》）、「急守精室勿妄泄，閉而寶之可長活」（同上《常念章第二十二》）。《外景經・上部章》亦說「長生要慎房中急，棄捐婬俗專子精」、「急固子精以自持」、「閉子精門可長活」。強調節制性生活，寶精勿泄，以之為長壽之道。

(五)、虛無守一

《黃庭經》要求修煉者要恬淡無慾，排除外物干擾和情慾糾纏，進入虛無靜寂的精神狀態。這是對老莊哲學思想的繼承，也是對修煉者的基本要求。提出「高拱無為魂魄安，清靜神見與我言。……高研恬淡道之園」（《內景經・治生章第二十三》），「恬淡閉視內自明，物物不干泰而平」（同上《瓊室章第二十一》），「內守堅固真之真，虛中恬淡自致神」（同上《紫清章第二十九》），「撫養性命守虛無。恬淡自樂何思慮」（《外景經・中部經》），「恬惔無欲養華莖，服食玄氣可遂生」（同上〈下部經〉），只有以恬淡無欲、虛無靜寂的心態去存思精神，服氣積精，才能達到預期的修煉效果。為此，還主張修仙之士隱居山林，避開塵世，以求虛靜。提出「隱影滅形與世殊……三神之樂由隱居……何不登山誦我書，鬱鬱窈窕真人墟。入山何難故躊躇，人間紛紛臭帤如」（《內景經・隱影章第二十四》），認為入山修煉，避開當世紛擾，更易保持虛靜心態，取得好的修仙結果。

恬淡虛無又與守一存神為一體。一與道、玄相通，守一即守道，守虛無本體，具體化為存神，守精氣神合一、形神合一、魂魄合一，包括修煉的全部內容。故言「子能守一萬事畢，子自有之持無失」（《外景經・中部經》），這就是把道家的養生法與道教的修仙法合為一體，一也具有了神性。因此，就《黃庭經》而言，守一之根本宗旨便是存思體內三田、臟腑、七竅、百脈諸神，使其常駐體內，永不離去，以保持生命永恆。

三、黃庭經的版本依據與注譯原則

《黃庭經》一書內容豐富，創意頗多，但經義蔓衍，術語連篇，措詞晦澀，索解為難。注本中以梁丘子注最有名。梁丘子本名白履忠，唐陳留凌儀（今河南開封）人。隱居於古大梁城（今開封市西北），故號梁丘子。博覽經文，景雲（七一〇～七一一年）中，徵拜校書郎，不久辭歸。開元十年（七二二年），表荐入閣侍讀，召詣京師，復辭以老病，詔賜朝散大夫，尋壽終。著有《三玄精辯論》，注《老子》及《黃庭內外景經》。《道藏》收錄《黃庭內景玉經注》、《黃庭外景玉經注》，影響最廣。清董德寧在其《黃庭經發微・凡序》中說，《黃庭經》注「世之所行者，皆梁丘子注，即偶有別本，亦是從梁注所出」。另外還有務成子注、金劉處玄（長生子）注等，《道藏》收錄。蔣國祚注，托名呂祖諸仙人注，《藏外道書》收錄。

本書以《道藏》收載之梁丘子本和白文本為底本，並參照他本，偶有明顯不合處，則直接改正，不出校記。

關於注釋，主要以梁丘子、務成子注為主，參照其他道書，力求合乎經之本義。對後世以爐鼎說解經之書，則吸收較少，因為難於把握其可信性。

今譯則是以八字對解七字，雖形式較劃一，但語義之表達，行文之流暢，末字之叶韻，都有不足之處，需要改進。原文固參雜宗教神祕內容，有些詞句晦澀、詭異，譯文中也未能完全改變，多採取直譯原文，憑讀者自行參悟，而不強為說解，以免誤導。

四、陰符經的思想與特色

《陰符經》，亦名《黃帝陰符經》。陰者，默也，暗也。符者，合也。《陰符經》者，即是默契大道之言也。

《陰符經》一書自從《唐書・藝文志》著錄以來，一向歸入道家的典籍裡。此書的作者和成書年代有諸多說法，如，《陰符經》舊題黃帝所撰，故也叫作《黃帝陰符經》，另說是北魏寇謙所作，或唐代李筌所作，年代相差甚遠。今人王明考證到，《陰符經》成書的年代約在西元五三一年至五八〇年的期間，作者大抵是北朝一個久經世變的隱者，對於天文曆算，《易》、老、陰陽等百家之學多所涉獵，對歷史事件及當代事變亦能研綜。他在兵荒馬亂之中，過著無名的隱居生涯，故他所著的書不露姓名。

此經文字不多，有兩種傳本，一種約有三百餘字，經文止於「愚人以天地文理聖，我以時物文理哲」句，另一種約有四百餘字，在上句之後，續有一百一十四字，至「昭昭乎進乎象矣」句完篇。此經的多數注本將經文分為上篇、中篇、下篇三章。本書取後一種傳本，亦分三章注釋。

《陰符經》是一部理論概括性很強的著作，文約義深。故此經的理論性質和意義，可以被解釋成多家學說。《中國道教史》（卿希泰主編）總結到，有關《陰符經》的歷代注疏著作，不下一百種，由於各注家的學術思想派別不同，對經文的認識也就不一致，或以之為兵家權謀之書，或以之為道家之言，或以之為道教修煉之文，或以之為儒家性理之說等。本書認為此書的義理是在注家的詮釋中被演繹出來的，此經的內容的一個基本來源是先秦道家思想，但作為道教經典是在後世道教學者的闡釋中形成的。

《陰符經》問世後，即受到廣泛關注，特別是受到道教界的重視，在道家、道教著作中，對此經注疏的數量，僅次於《道德經》和《南華經》（《莊子》）。後世道教將它定為道士必須誦讀的經書之一，被納入《玄門功課經》中，宋元以後更成為道教內丹術的經書之一，一般都將它和《道德經》、《參同契》並列，作為內丹修煉的基本經典。

《陰符經》的思想主要是繼承和發揮先秦道家和陰陽五行學說。此經對道家思想的繼承和發揮，首先，《陰符經》的主旨是闡發道家的天道自然和人效法天道的思想。此經的總綱即是開篇的三句話：「觀天之道，執天之行，盡矣。」這三句話指出人的行為準則是認識（觀）

天道，掌握（執）天道規律，其行應天而動。《陰符經》對天道性質的表述是：「自然之道靜，故天地萬物生。」天道即是「自然之道」，其實質是「靜」，這是發揮《老子》「無」的精神，《老子》十六章說道：「致虛極，守靜篤。萬物並作，吾以觀復。夫物芸芸，各復歸其根。歸根曰靜，靜曰復命。復命曰常，知常曰明。不知常，妄作凶。」對人而言，其行為準則是「聖人知自然之道不可違，因而制之」，這是人應效法天道自然的意思，《老子》二十五章說道：「人法地，地法天，天法道，道法自然。」其次，《陰符經》的思想意識核心貫穿著《老子》一書的「反者道之動」的思想。如：「生者死之根，死者生之根。」「人以虞愚聖，我以不虞愚聖，人以期其聖，我以不期其聖。」《老子》四十章說道：「反者道之動；弱者道之用。天下萬物生於有，有生於無。」

《陰符經》在闡述天道具體內容結構方面也繼承和發揮了原始陰陽五行學說的內容。陰陽和五行兩組概念都是中國古代的原始文化觀念，《周易》即以「陰陽」觀念解釋宇宙生化演變，「一陰一陽之謂道」，陰陽變化生成萬物，《老子》中也有這樣觀念：「道生一，一生二，二生三，三生萬物。萬物負陰而抱陽，沖氣以為和。」《陰符經》說道：「陰陽相推，而變化順矣。」這是在講宇宙的生成規律。「五行說」首先出現在《尚書・洪範》，「五行：一曰水、二曰火、三曰木、四曰金、五曰土。水曰潤下，火曰炎上，木曰曲直，金曰從革，土爰稼穡；潤下作鹹，炎上作苦，曲直作酸，從革作辛，稼穡作甘。」五行之間的關係是相生相剋，這是五行的規律，五行相生的規律是：木生火，火生土，土生金，金生水，水生木。

五行相剋的規律是：木剋土，土剋水，水剋火，火剋金，金剋木。後來的「陰陽家」把陰陽和五行關聯在一起說明宇宙生成規律，此後這兩組概念便成為一個宇宙論結構的系統」。

《陰符經》特別重視從「相剋」的一面說明「相生」的道理，比如把「五行」稱之為「五賊」，這是此經的一個特別突出的思想觀念和方法。這個意思也就可以說是對《老子》的「反者道之動」觀念的發揮，比如把天、地、人「三才」稱之為「三盜」。從相剋的一面闡發宇宙生成及事物演變規律，此前已有《孫子・虛實》說道：「五行無常勝。」五行相剋也可以說五行相殺，《淮南子・兵略》說：「善用兵者持五殺以應，故能全勝。」許慎注說：五殺，五行也。在中國古代關於宇宙生成及其演變規律的理論方面，《陰符經》發揮的「相剋」觀念是它的殊勝處，也正是這一點才引來眾多注家的關注。

由於吾人對道教典籍缺乏全面系統研究和深入理解，亦沒有修煉實踐，對經文解釋難免有粗淺不當之處，敬請讀者專家多指正，不勝感謝。

新譯黃庭經

黃庭內景經

上清章第一

【題解】《黃庭內景經》共三十六章，皆以七言為句，每章句數不等，長者達三十二句，短者止四句，皆以開篇二字為標題。如本章開題一句「上清紫霞虛皇前」，以「上清」為標題；二章首句為「上有魂靈下關元」，以「上有」為標題，下類推，可見標題與內容並不相關。本章概述太上大道玉晨君作《內景經》，內藏修仙大道，精研誦習，可以消災去病，益壽延年，進而得道成仙，飛升天界。是對本書宗旨的總概括，具有引言性質。

上清❶紫霞❷虛皇❸前，
太上大道玉晨君❹。
閑居蕊珠❺作七言❻，

散化五形❼變萬神❽。
是為《黃庭》曰內篇。
琴心三疊❾舞胎仙❿。
九氣⓫映明出霄間⓬，
神蓋⓭童子⓮生紫煙⓯。
是曰《玉書》⓰可精研，
詠之萬過升三天⓱。
千災以消百病痊⓲，
不憚虎狼之凶殘，
亦以卻老⓳年永延。

【注釋】❶上清　道教認為，在天界、地界、人間界三界之上有玉清境、太清境、上清境，是神仙所居之仙界，亦稱三天。《太真經》說：「三清之間，各有正位，聖登玉清，真登上清，仙登太清。」又說大羅天所生玄元始三氣，始氣化為清微天玉清境，元氣化為禹餘天上清境，玄氣化為大赤天太清境，皆為神仙所居處。❷紫

霞　紫色祥雲，煥彩生輝，瑞氣繚繞。❸虛皇　說法不一，有說為神仙名號，有說為自然妙道，有說為虛無混沌之氣所化之寶座，道教至上神在此教授「天地未發之淵源，開古今未明之大道」的場所。諸說相較，以後說為上。❹太上大道玉晨君　道教神仙聖號。據《真靈位業圖》：「第二中位『上清高聖太上玉晨君玄皇大道君』，為萬道之主。」當即指此神。太上，為道教常用語，含至大至尊至高諸義。《太上洞玄靈寶天尊說救苦妙經注解》：「太者，至大之稱；上者，尊崇之號。」常用來稱謂得道成仙之至上神祇或至上道法。又常用以指稱太上老君，即老子。道教尊奉老子為教主，為至上神，可應感隨方變化，無所不在。「凡眼雖不能睹者，慧眼乃能觀之。研習經文，施行善事，存念宗主，不忘須臾。主本無名，名標太上。」（《傳授經戒儀注訣》）❺蕊珠　指蕊珠宮。禹餘天上清境之宮闕名，省作蕊珠。詩詞中常用指稱道教宮觀。如陸游詞〈秋波媚〉：「曾散天花蕊珠宮，一念隨塵中。」亦泛指道書。❻作七言　撰作七言經書。以《黃庭內景經》為玉晨君所作，神其說也。此經作者詳見本書〈導讀〉部分之相關闡述。❼散化五形　擴散開來化為五臟之形。即由元氣化生陰陽、五行，再由五行化為人身心、肝、脾、肺、腎五臟之形。心屬火，肝屬木，脾屬土，肺屬金，腎屬水。按道教之說，混沌元氣分化為陰陽，「二氣流降，分化五行，元和降精，凝魂生身，元夫玄母，神散五靈，在人形中，謂之五臟。」（唐張萬福《傳授三洞經戒法策略說》）即為此意。❽變萬神　變化而為人體之萬種神。《黃庭經》認為人之五臟六腑關竅百脈皆有司主之神，如三部八景二十四真神之類，主宰人身所有部位，名目繁多。據說修煉時潛神入靜，反觀內景，存思諸神，可見萬神重疊安坐景象。❾琴心三疊　內練術語。琴心喻和諧之心。用心彈琴，使音律協調，以抒發心意。三疊，上中下三丹田與諸宮相重疊。練功者能作到這樣，則心和神悅，丹道初成。或指精氣在三丹田上下往來，循環運動，保持「不剛不柔，宜文宜武」的恰當火候。❿舞胎仙　舞，推動鼓舞。胎仙，神名，又稱胎真，如本性元神，亦名胎靈大神。居明堂中，為黃庭之主。比喻修煉中初結之丹，如能繼續精進，「則胎結為仙，欲動則動，欲靜則靜，隨心所欲，自能性隨心舞」，而成「萬劫不壞之本」。（蔣國祚注）⓫九氣　玄元始三氣各化生三氣，合為九氣。由九氣而生九天，化生天地萬物。「九氣出乎太空之先，隱乎空洞之中，無光無象，無形無名，無色無緒，無音無聲。導運御世，開闢玄通，三色混沌，乍存乍亡……氣清高澄，積陽成天，積氣結凝，積滯成地，九氣列正，日月星宿，陰陽五行，人民品物，並受生成。」《靈寶洞玄自然九天生神章經》九氣由鼻孔吸入，周流三田由腦宮映照上達。⓬霄間　天門也，指兩眉之間。身內之九氣由此與九天之氣相互映照。⓭神蓋　眉也，覆於目神之上，故名神蓋。⓮童子　如瞳子，指眼珠。⓯紫煙　比喻得道仙人目光中射出之祥瑞光芒。⓰玉書　《黃庭內景經》之簡稱。梁丘子注：「此經亦曰《玉書》，精心研究，誦滿萬遍，即自升天矣。」⓱三天　道教神仙所居之仙境。玉清境清微天，又稱聖境，元始天尊所治之天，尊貴無比，上清境禹餘天，太上道君所治之天；太清境大赤天，太上老君所治之天。⓲痊　病癒。⓳卻老　去掉衰老，獲得長生。

【語譯】

上清寶座紫氣輝映，
太上玉晨在此賦閒。
蕊珠宮內撰述七言，
散化五臟變神萬種。
即為《黃庭內景經》文。
氣運三田鼓舞胎仙。
九氣相映透出眉間，
雙目凝注如射紫煙。
稱為《玉書》可供精研，

吟誦萬遍能升三天。
千災能消百病可痊，
不再畏懼虎凶狼殘，
去掉衰老長壽萬年。

上有章第二

【題解】本章闡述黃庭三宮的位置，及氣與津液上下相通狀況。黃庭宮位置，道經中說法多樣，本章主要指腦中、心中、脾中，前三句即是說此。第一句「上有魂靈下關元」，是說黃庭宮在肺與肝下、肚臍上之空間，即心的位置。第二句「左為少陽右太陰」，是說上黃庭宮在兩目間向內之腦中。第三句「後有密戶前生門」，是說下黃庭宮在腎與命門之間。接下七句綜述氣液上下流通情況。

上有魂靈❶下關元❷，
左為少陽❸右太陰❹。
後有密戶❺前生門❻，
出日入月❼呼吸存。

四氣❽所合列宿❾分，
紫煙❿上下三素雲⓫。
灌溉五華⓬植靈根⓭，
七液⓮洞流沖廬間⓯。
回紫抱黃⓰入丹田⓱，
幽室⓲內明照陽門⓳。

【注釋】❶魂靈　魂魄。肝主謀慮，魂之所居；肺為氣本，魄之所居。肝肺在心上方，故言「上有魂靈」。

❷關元　肚臍，臍為受命之宮。亦指下丹田。關元在心下方。❸少陽　左目。❹太陰　右目。梁丘子注以少陽為左目，太陰為右目，未見他書，不知所據。另據蔣國祚注，以少陽為居心左側之陽氣，主上升；太陰為居心右側之陰氣，主下降。陽扶陰升，陰挾陽降，升極則降，降極復升，循環往復中，陰陽互補，以成至妙神功。亦為一說。❺密戶　又作幽闕，指腎。腎為藏精之宮，密守而不漏泄，可體健長壽。❻生門　又作命門，所指不一。有說指臍，有說指右腎，有說指臍下，本書第三十五章「閉塞命門保玉都」，梁丘子注引元陽子說：「命門者，下丹田精氣出入之處也。」則指下丹田，可從。❼出日入月　呼出之氣為陽，吸入之氣為陰，一呼一吸，陰陽轉換，如日月更迭，故以日月出入象之。全句意為在呼吸中存思陰陽交感，如日出月入，生生不息，以此與天地相通。又說：「常存日月兩目，使光與身合，則通真矣。」（梁丘子注）則是令日月之光照徹丹田臟腑，

了了分明，使內外貫通。❽四氣　春夏秋冬四時之靈氣。❾列宿　日月星辰之統稱。此句意為常存思靈氣合身，兼思日月星辰輪番照耀，久則可以通神。❿紫煙　紫色雲氣，由陰陽二氣合和而成。⓫三素雲　紫白黃三色雲氣。此句意為陰陽二氣合和之紫氣，上下流轉於黃庭宮中，呈現出紫、黃、白三元妙氣，三氣在身，使形神通感。⓬五華　五方英華之氣。⓭靈根　指舌。此句意為漱咽津液，兼引五方之氣而服之，可培固舌本，神府清暢。⓮七液　喜怒哀樂愛惡慾七情所生之津液，可自存自流，潤澤臟腑七竅。⓯廬間　兩眉中間，前額處。七液流通臟腑七竅，上沖前額。⓰回紫抱黃　使紫氣黃氣返於內。紫黃泛指三元靈氣，亦即元氣，被引入上丹田泥丸宮內。⓱丹田　此指上丹田，在兩眉間向內三寸處，通稱泥丸宮，還有許多名目，是道教修煉的重要部位。⓲幽室　指腎。⓳陽門　命門，即臍也。此句述腎為藏精之所，生命之源。修煉者要存思腎臟，搏氣保精，無使漏泄，並朗照內外，兼守命門。

【語譯】

上有肝肺下至命門，
心黃庭宮居於此間。
左右兩目向內之中，
腦黃庭宮即在此間。
後為兩腎前面為臍，
脾黃庭宮就在此間。
呼陽吸陰常加存思，
四氣聚合列星分照。

三元妙氣上下感通，
漱津服氣潤腑固舌。
七液流通上沖前額，
引領元氣返回泥丸。
腎室內明朗照命門。

口為章第三

【題解】本章講述口腔的功能作用。口中津液為元氣所化，五臟之精華，常加漱咽，則體生光華，氣香如蘭，清氣上升，濁氣下降，堅持修煉，可參天合地，得道成真。

口為玉池❶太和官❷，
漱咽❸靈液❹災不干❺。
體生光華氣香蘭❻，
卻消百邪❼玉鍊顏❽。

審能修之❾登廣寒❿，

晝夜不寐乃成真⓫。

雷鳴電激神泯泯⓬。

【注　釋】❶玉池　口中津液，又稱醴泉、玉漿，可使人「百節調柔，五臟和適」。❷太和官　指口腔。口納五味，加以調和，供應臟腑，故為太和之官。❸漱咽　漱口中津液，咽而服之。《幻真先生服內元氣訣・服氣胎息訣》介紹具體作法：「閉口，以舌內外摩料，取津滿口漱流，昂頭咽之，上補泥丸。」❹靈液　口中津液。據說此津液為練氣所生，集天地日月四時之靈氣，匯五臟之精華，甜美清香，堅持漱咽，可卻病健身，長生成仙，為道教重要修煉方法之一。❺災不干　各種災病不來干擾侵害。干，干犯；侵擾。❻氣香蘭　呼出之氣，馨香如蘭。因其不食五穀，以吞咽津液為生，故無穢滓，而香氣如蘭。❼百邪　各種邪惡情欲，如淫盜之類。❽玉鍊顏　練成美玉一般容顏，有如童子。❾審能修之　確能認真修煉它。❿廣寒　北方仙宮名。後世多指月中仙宮，為美女嫦娥所居。此泛指仙界。⓫真　真人。能掌握天地陰陽變化規律，善於保存精氣神，諳通呼吸吐納養生之人。一般多泛指修道成仙之人。《太平經》將真人排位在「大神之下，仙人之上」，或用作尊貴封號，如稱莊子為「南華真人」，張伯端為「紫陽真人」等。⓬泯泯　泯沒無聞，言修煉成真人，遇電閃雷鳴而能凝神靜氣，如無所聞。

【語　譯】

口生津液為太和官，

勤加漱咽災病不犯。

體膚光澤氣香如蘭，
滅除邪惡練就玉顏。
確實虔修能登廣寒，
晝夜不寐修道成真。
電閃雷鳴心自安然。

黃庭章第四

【題解】本章敘述黃庭之宮有神主宰。修煉時要閉二目，關七竅，鎖幽闕，防止精氣漏泄和耗損，再以靈臺為中心，貫通三田，使精氣上下運行，保持靜而專一，動而普至，永不衰竭。

黃庭內人❶服錦衣❷，
紫花飛裙❸雲氣羅❹，
丹青綠條❺翠靈柯❻。
七蕤❼玉籥❽閉兩扉❾，

重扇金關⑩密樞機⑪。

玄泉⑫幽闕⑬高崔巍⑭，

三田⑮之中精氣微⑯。

嬌女⑰窈窕⑱翳⑲霄暉⑳。

重堂㉑煥煥㉒明八威㉓。

天庭㉔地關㉕列斧斤㉖，

靈臺㉗盤固永不衰。

【注釋】❶黃庭內人　住在黃庭宮中的神人，指主宰黃庭宮的女神。❷錦衣　五色彩衣。象五臟真氣之色。❸紫花飛裙　帶紫花的裙子。因為是神仙所著，且同神仙一道飛舞，故名飛裙。❹雲氣羅　如雲似氣一般的績羅，為製作飛裙的衣料。❺丹青綠條　繪畫綠色枝條，以為仙衣之飾。丹青，指繪畫用的顏色和技藝。❻翠靈柯　翠綠之靈株。亦指繪在仙衣上的圖畫。或皆隱喻，比喻練功時存想體內諸神，呈現出的景象，不可執著於實象。❼七蕤　七竅，耳目鼻口也。❽玉籥　籥同鑰，開鎖之鑰匙。言玉鑰，以其珍貴也，比喻為開啟七竅鑰匙，非具體開鎖之鑰匙，而是指大道，修煉得要用道來控制七竅開合，而不妄動。❾閉兩扉　即合上兩眼。兩扉，兩個門扇，此指兩目。❿重扇金關　重重關閉下丹田之門戶，不可妄開，以防真精漏泄。金關指下丹田。⓫樞機　事物之關鍵要害處。比喻修煉過程中至關緊要之點，也就是守好七竅，保精勿失。⓬玄泉　口中津液。

又稱玉泉、醴泉、玉液、玉津等。⑬幽闕　在兩腎中間。⑭高崔巍　山勢高峻之狀。腎在諸臟腑之下，但所藏精氣卻上返上丹田，由極低處轉向極高處，由下丹田視上丹田，故言高崔巍。⑮三田　上中下三丹田之簡稱。上丹田在腦中，中丹田在心中，下丹田在臍下。修煉時行氣路線是上田受氣於下田，中田受氣於上出，下田受氣於中田。下田之氣過尾尻，走中背至頂而受，再下運心田，潤肺腑，經肝經至下田，周流不息以加固本根也。⑯精氣微　精氣變化與心相感應，非有非無，亦真亦幻，不可為具象，不可以數求，又與心相繫，至精至微，神妙莫測。⑰嬌女　耳神名。見《真誥》。⑱窈窕　幽深靜寂。⑲翳　遮蔽；掩蓋。⑳霄暉　光輝；光亮。耳神主聽不主視，此言遮蔽光輝，泛指關閉一切感官，防止心神外馳。㉑重堂　喉嚨名，又稱重樓。因其位於絳宮（心臟）之上，故稱重堂。㉒煥煥　光輝映照。㉓八威　八方。此言喉嚨通暢，津液洞流，滋潤全身，使體健神明，照徹八方。㉔天庭　天庭宮，在兩眉之間向內。㉕地關　指下丹田。㉖列斧斤　陳列斧鉞，嚴加守衛。比喻修煉中要對上下丹田嚴加防守，使諸邪不能侵害。㉗靈臺　指心。有神居之，靜則守一，動則存神，可保體健不衰。

【語譯】

黃庭女神上穿彩衣，
下繫紫花雲羅飛裙，
裙上繪有綠色靈株。
關閉七竅合上雙眼，
重鎖下田守護七竅。
津通下田復返腦中，

三田之中精氣神妙。
雙耳靜寂遮蔽光輝，
喉輸津液潤體明神。
天庭地關守衛森嚴，
神居靈臺永固不衰。

中池章第五

【題解】本章只有四句，為全書最短一章。由於對第一句「中池」解說不一，導致對全章之義解說不同。蔣國祚注：「中池者，臍輪也。」臍輪或指胞衣之類，當屬下丹田，由此引出清靜無為以養丹元之說。有以中池為舌下喉上之地，則以口舌功能解之。梁丘子注以中池為三池通名。三池即中池（膽）、華池（舌下）、玉池（小腹胞）。由此引出本章之義是用比喻手法交錯解說舌、膽、腎神之功能作用，較合實際。

中池❶內神服赤珠❷，
丹錦雲袍❸帶虎符❹。

橫津❺三寸靈❻所居，
隱芝翳郁❼自相扶❽。

【注釋】❶中池 中池（膽）、華池（舌下）、玉池（小腹胞）之通名。中池內神指住在舌下、膽中、小腹與膀胱內並對三處加以主宰之神。❷服赤珠 穿著繪有赤珠的服飾或佩帶赤珠為飾物。赤珠或指鎏金之銅鈴。❸丹錦雲袍 用赤色錦緞所製雲袍。丹赤雲白，象徵心肺之色。❹虎符 古代用以調兵之憑證。銅鑄虎形，分左右兩半，右留中，左由將帥攜帶。調兵時，派人執符驗合，乃發兵，此處用以比喻勇氣和決斷，為膽之功能。❺橫津 肚臍。臍在膀胱上面，膀胱為貯存尿液器，如體中貯水之津，臍在其上，故曰橫津。❻靈 神名，在下丹田，為主宰人生命之神。❼隱芝翳郁 暗喻男女性器官，臍下隱蔽處被遮蔽。❽自相扶 男女自相交合。陰陽相配，以成生命之源。

【語譯】

三池之神佩帶赤鈴，
丹錦雲袍執掌兵符。
臍下三寸神靈所居，
男女相悅自相交合。

天中章第六

【題解】本章論述存思眉目鼻口諸神，以暢通上下，洞照內外。並內視心神，主宰精氣上下流通，出青入玄。如此可升天界。

天中之岳❶精謹修，
雲宅❷既清玉帝游❸，
通利道路❹無終休。
眉號華蓋❺覆明珠❻，
九幽❼日月洞空無。
宅中有真❽常衣丹❾，
審❿能見之無疾患。
赤珠靈裙華茜粲⓫，

舌下玄膺⑫生死岸⑬。
出青入玄⑭二氣煥，
子若遇之升天漢⑮。

【注釋】❶天中之岳　即中岳，又稱天臺，指鼻子。因其在面部中央突出位置，故以中岳嵩山比之。❷雲宅　指人的面部，又稱尺宅。因其為眉目口鼻安置之所，故稱宅；在頭部，人體上端，如天之雲，故稱雲宅。雲宅既清，形容得道者面部有吉祥之神采。如人無行，則面有晦暗之氣。❸玉帝游　是說元神暢遊周身，不受陰滯。玉帝，天帝。此或比喻五氣凝練而成之元神。❹通利道路　用雙手反覆摩拭面部，使耳目口鼻之氣脈通暢無阻。❺華蓋　雙眉。眉在眼上起遮護作用，如車輦之傘蓋，故名。❻明珠　雙目。❼九幽日月洞空無　意為練氣所成之陰丹，如同日月，洞照體骨五臟六腑七竅百脈一切虛空處，了了分明。九幽，練養術語，指陰丹。即修煉中，通過吐納導引，使陰陽二氣凝成之陰神。《海瓊白真人語錄》卷一：「所謂陰丹、陽丹者，即內丹心，丹者心也，心者神也。脫胎換骨，身外有身，聚則成形，散則成氣，此陽神也。一念清靈，魂識未散；如夢如影，其類乎鬼，此陰神也。」❽宅中有真　中黃庭宮中位有神真居處，此即心神也，又稱赤城童子、真人、赤子。心為五臟之主，據說經常存思心神，可除病患，即使生命垂危，亦可得救。❾衣丹　穿赤色衣。心色赤，故其神著赤色衣。❿審　確實；誠然。⓫赤珠靈裙華茜粲　此句描述舌喉女神衣飾之美。佩赤色寶珠，繫靈裙，裙上花朵鮮明亮麗。茜粲，鮮明亮麗。又赤珠喻舌，靈裙喻喉嚨。⓬玄膺　喉嚨。⓭生死岸　陰陽二氣由喉升降出入，人之生死取決於此，故為生死相分之岸。⓮出青入玄　呼出青氣，吸入玄氣。青玄為陰陽二氣之色。能使二氣煥彩，則得修仙之要。⓯天漢　銀河。比喻天界。

【語　譯】

面中鼻神精心修煉，
面色祥和天帝來見，
耳目口鼻通暢無阻。
眉名華蓋遮護雙眼，
陰神明朗洞照虛空。
黃庭心神常著赤衣，
誠能存思可無疾患。
舌喉女神裙飾鮮豔，
舌下喉中生死之岸。
呼吸陰陽二氣煥采，
如能相遇可成天仙。

至道章第七

【題　解】本章論列腦部諸神名號、居室、衣飾、座次等。諸神各有所司，而由泥丸大神統攝。修道者專心致志存思泥丸宮諸神，則大道可成。

至道❶不煩決存真❷，
泥丸百節❸皆有神。
髮神蒼華❹字太元❺，
腦神精根❻字泥丸❼，
眼神明上❽字英玄❾，
鼻神玉壟❿字靈堅⓫，
耳神空閑⓬字幽田⓭，
舌神通命⓮字正倫⓯，
齒神崿鋒⓰字羅千⓱。
一面之神⓲宗⓳泥丸，
泥丸九真⓴皆有房。
方圓一寸處此中，
同服紫衣飛羅裳。

但思一部㉑壽無窮，
非各別住俱腦中㉒。
列位次坐向外方㉓，
所存在心自相當㉔。

【注釋】❶至道　最根本之道。❷決存真　取決於存思真神。此真即指腦神泥丸，為百神之主。意即是否能修成根本大道，取決於是否專心存思腦神，不在多頭修煉，煩瑣用功。❸泥丸百節　泛指腦部所有關筋脈竅。下面所列七種為最重要者。❹蒼華　髮神之名。人之頭髮有黑有白，故名。❺太元　髮神之字。因髮生頭頂，故名太元，髮神亦以之命字。❻精根　腦神名。腦神居丹田之宮，黃庭之宮，為百神之主，陰陽之根，故名。❼泥丸　腦神居寸丸之宮，守一身之總要，故名。❽明上　眼神名。眼如日月在頭上照耀，故名。❾英玄　深邃的光華。形容瞳子放出之光芒。❿玉壟　鼻神名。鼻形如壟，如玉雕成，附於面部中央，故名。⓫靈堅　鼻神之字。以其神氣通天，出入不竭也。⓬空閑　耳神名。以其空閒幽靜，聽物則能辨析明白，故名。⓭幽田　耳神之字。耳神居幽靜之地，故字幽田。⓮通命　舌神名。舌主漱咽津液，使性命通暢，故名。⓯正倫　舌能辨別五味，使其相互調和，各有倫理，故字正倫。⓰崿鋒　齒神名。以其堅固鋒利，如劍刃，刀鋒，嚼碎眾物而食之，故名崿鋒。崿借作鍔，刀劍之刃。⓱羅千　搜羅眾物而食之，齒神之字。⓲一面之神　主管視聽嗅味等一個方面功能之神，如耳神、鼻神、目神、舌神等腦部九宮諸神。⓳宗　宗主。耳目鼻等腦部九宮諸神，皆以腦神泥丸為宗主，受其指揮。⓴九真　居於腦部九宮之真神。上中下三田各有九宮，皆有真神居之。而本經所列只有上田七神，臟腹六神，共十三種，其餘則無考。其核心思想是人身為萬神所居，存思內視萬神，達到不死之道，為道教修煉的基本方法和目標。㉑一部　指腦神泥丸，為眾神之主。存思泥丸則涵攝九宮真神，可煉成不死之道，得長壽無疆。㉒俱腦中　是說上元九宮真神非另住別處，全部都住在腦中。㉓列位次坐向外方　是說九宮真神圍繞丹田，按位次由內向外，亦即由中心向上方和周圍排列。具體排列方法，據梁丘子引《八素經》云：「真有九品，向外列位，則當上真上向，高真南向，太真東向，神真西向，玄真北向，仙真東北向，天真東南向，靈真西南向，至真西北向。」㉔所存在心自相當　九真由心神存思總攝，使內外應合相當。

【語　譯】

至道不煩取決存真，
泥丸百節各有真神。
髮神蒼華表字太元，
腦神精根表字泥丸，
眼神明上號為英玄，
鼻神玉壟表字靈堅，
耳神空閑號曰幽田，
舌神通命表字正倫，
齒神崿鋒表字羅千。
九宮諸神宗主泥丸，
泥丸九真皆有房間。
所居之室一寸方圓，

同著紫衣繫飛羅裳。
存思腦神壽數無窮，
九真一同俱住腦中。
各列位次坐向外方，
心存九真內外應合。

心神章第八

【題解】本章論述心肺肝腎脾膽諸神之名與字，及六腑五臟之神皆在心神統攝之下，心存則臟腑聽命，心亡則臟腑失職。晝夜存思，可得長生。本章與上章所列頭面臟腑十三神名字、位置、功能、色彩、形狀、服飾、出行方位等，是在「假神以托用」的原則下概括出來的，並認為人體器官之功能是靠這些神之主宰，才得以維持協調運轉的。這當然是宗教神學觀念，但也在一定程度上蘊含有人體神經網絡整體性功能的設想。

心神丹元❶字守靈❷，
肺神皓華❸字虛成❹，

肝神龍煙❺字含明❻，
翳因導煙主濁清❼。
腎神玄冥❽字育嬰❾，
脾神常在❿字魂停⓫，
膽神龍曜⓬字威明⓭，
六腑⓮五藏⓯神體精⓰，
皆在心內運天經⓱，
晝夜存之自長生⓲。

【注釋】❶丹元　心神之名。心為臟腑之元首，位南方，屬火，色赤。赤即丹也，故心神名丹元。❷守靈　靈明樓上之所。以心之居處命字。❸皓華　肺神之名。肺在心上，如遮護心之華蓋。又肺住西方，屬金，色白。皓即白也，故肺神名皓華。❹虛成　肺之字。肺中含氣，質輕虛，故字虛成。❺龍煙　肝神之名。肝位東方，屬木，為青龍之色，木燃生煙，猶龍之威勢，故名龍煙。❻含明　肝之字。肝主目，肝位東方，日出之地，肝屬木，能生火，則肝中含藏光明，故名含明。❼翳因導煙主濁清　木生煙火而見混濁清明之象。翳因，如樹冠遮蓋而成樹蔭，比喻樹木。樹木燃燒生出煙霧和火光，則有清濁之分。又有版本無此句，與上下句不類也。❽玄

冥　腎神之名。腎位北方，屬水，色黑，故名玄冥。或腎處腑腔下方深處，幽深玄遠而隱祕，故名玄冥。❾育嬰　腎神之字。腎為生命之根，陰陽之門，五氣之本，為男子藏精女子藏胎之處。陰陽交合，可育成胎兒，故稱育嬰。❿常在　脾神之名。脾居臟腑中央，土位，為人常居之所，故名常在。⓫魂停　脾神之字。脾可磨消食物，供人體吸收，使人神康力壯，故字魂停。⓬龍曜　膽神之名。膽色青黃，取東方青龍之象。⓭威明　膽之字。膽主公正果決，無偏私，敢決斷，又勇猛威武，能攝兵眾，故字威明。⓮六腑　膽、胃、大腸、膀胱、三焦。腑取府邑之義，府邑居中而受四方之物。腑為消化系統，人吃進各種食物，喝進各種飲料，都經由這些器官消化，吸收，排出廢物。三焦，指食道、胃腸的相關部分及其生理功能。《難經・榮衛・三焦三十一難》：「三焦者，水穀之道路，氣之所終始也。上焦者在心下下膈，在胃上口，主內而不主出。中焦者，在胃中脘，不上不下，主腐熟水穀。下焦者，當膀胱上口，主分別清濁，主出而不主內，以傳導也。」⓯五藏　心肝脾肺腎。藏通「臟」，藏為藏火。五種器官各具其質，各有其用，不相聯屬而共藏一身，故謂五藏。⓰神體精　五臟六腑合於氣，主於心，運化精微，無所不至。⓱運天經　五臟六腑各有所司，皆有法象，但其在心內運化，皆能同於天地，順於陰陽，自然感通，如同天地四時按天道有規律的運動。⓲存之自長生　存想五臟六腑諸神之形象、服色，晝夜不捨，可得長生。據《仙經》說：「存五藏之氣，變為五色雲，常在頂上，覆蔭一身，日居於前，月（夜）居於後，左青龍，右白虎，前朱雀，後玄武。」為去邪長生之要道。

【語譯】

心神丹元字曰守靈，
肺神皓華表字虛成，
肝神龍煙表字含明，
木生煙火有濁有清。

腎神玄冥字曰育嬰，
脾神常在字曰魂停，
膽神龍曜字曰威明，
六腑五臟神合體精，
運行心內冥合天經，
晝夜存思自可長生。

肺部章第九

【題解】本章論述肺之部位、功能，肺與腎、七竅、鼻、臍相貫通。以及肺神的形狀、服飾，和存思肺神之方法、作用等。

肺部之宮似華蓋❶，
下有童子❷坐玉闕❸。
七元之子❹主調氣，
外應中岳鼻齊位❺。

素錦衣裳黃雲帶❻。
喘息呼吸體不快❼，
急存白元❽和六氣❾。
神仙久視無災害❿，
用之不已形不滯⓫。

【注釋】❶華蓋　古代帝王將相出行所用之傘蓋。因肺在五臟中居上部，肺葉四垂，遮護心脾，猶如傘蓋。❷童子　指主宰肺部之神，形如兒童，名曰皓華。❸玉闕　腎中白氣上行，與肺氣相連，如白玉宮闕，肺神居此。❹七元之子　主宰耳目口鼻七竅之神，亦稱七元之君。梁丘子注引元陽子曰：「七元之君員甲持符，辟出凶邪而布氣七竅，主耳目聰明。」七元，七竅之元氣也。❺外應中岳鼻齊位　肺通過鼻、臍與外界相應合。鼻在上，為呼吸之門戶。齊應作臍，在下為生命之紐帶，其神為太一君。鼻、臍皆與肺通，其神守護身體內外交通之門戶。❻素錦衣裳黃雲帶　肺神著素錦所製之衣裳，繫黃色如雲氣般飄逸的帶子。肺位西方，屬金，色白，故以素錦衣裳為隱喻。肺葉之脈黃色，蔓延如網狀，像飄逸的雲氣，故以黃雲帶為比喻。❼喘息呼吸體不快　有時因外感風寒，內鬱邪火，會鼻孔阻塞，呼吸困難，身體不適。❽白元　白元君，主宰肺宮之神。又據《度人經集注》，白元諱洞陽，號尊神，與元英共居眉間入二寸處洞房宮，亦時在人肺。❾六氣　說法多種。《內經素問・五運行大論》所列寒暑燥濕風火六氣，較與本篇合。因其所講六氣不僅與五方、五味、五行配合，還與人體氣、血、情緒、臟腑相聯繫，六氣調和與否，與人之健康狀況有直接關係，與本篇意近。❿神仙久視無災

害 長久內視肺宮諸神，則六氣調和，邪氣不侵，則無災病。⓫形不滯 形體容貌健壯有力，光鮮潤澤而不羸弱滯澀。

【語 譯】

肺部形狀如同傘蓋，
下有肺神坐鎮玉宮。
七竅諸神主調內氣，
外與鼻臍上下應和。
身著素錦繫黃雲帶。
偶有喘息身體不快，
急思肺神調適六氣。
久視肺神無災無害，
存思不息體健容鮮。

心部章第十

【題 解】本章敘述心之形狀、位置、功能，心神之服飾。心能調適寒熱榮衛，調血理命，又與口舌、五臟相通，與外氣、五行相應，為身命之主。認為人在生命垂危之時，呼喚心神，亦可獲救。

長久存思心神，可以飛升成仙。本章與第三十一章〈心典〉可相互補充。

心部之宮蓮含華❶，
下❷有童子丹元家。
主適❸寒熱❹榮衛和❺，
丹錦飛裳披玉羅❻，
金鈴❼朱帶❽坐婆娑❾。
調血理命❿身不枯⓫，
外應口舌吐五華⓬，
臨絕⓭呼之亦登蘇⓮。
久久行之飛太霞⓯。

【注釋】❶蓮含華　含苞待放的蓮花，比喻心的形狀。《一切經音義》引《白虎通》：「心者禮也，南方火之精也，象火色赤，銳而有瓣，如未敷蓮華形。」❷下　心宮在肺下，心神丹元居此。❸主適　主管協調、調理。❹寒熱　陰陽靜躁之義。寒指陰靜，熱指陽動，躁即動也。要調理二者，達到「躁勝寒，靜勝熱，清靜為天下正。」《老子》❺榮衛和　指榮衛功能在心的主宰下發揮正常，運轉平衡，從而使人生命旺盛。如其不然則會受病而死。如《素問・熱論》所言：「五臟已傷，六腑不通，榮衛不行，如是之後，三日乃死。」榮衛，中醫指人體的營養作用、衛外功能和血液循環。❻丹錦飛裳披玉羅　心神下繫紅錦飛裳，上披白色綾羅衫。心屬火，色赤，以丹錦囊為喻。心居肺下，肺色白，故以玉羅為喻。玉羅，白色綾羅也。❼金鈴　心之形如懸掛之金鈴。金喻色，鈴喻形。❽朱帶　赤色腰帶。喻心血管脈絡之色與形。❾坐婆娑　坐姿飄逸，如回旋飄舞的樣子。❿調血理命　調理血氣，使流通順暢。氣為生命的基礎，有氣才有命，故命即氣。《靈源歌》說「神是性兮氣是命」，即為此意。⓫不枯　血氣充盈，健壯不瘦弱。⓬五華　匯含吐納五行精氣所煥發之絢麗色彩。五臟分屬五行，各有色彩，經口舌吐納而生五色之花。⓭臨絕　生命垂危，氣息將斷絕。⓮登蘇　立刻甦醒過來。登，立刻；馬上。⓯太霞　太虛仙境。

【語譯】

心形如同含苞蓮花，
肺下心宮丹元之家。
主調陰陽諧和榮衛，
繫紅錦裳披白羅衫，
金鈴紅帶坐姿飄逸。
調理血氣體壯神旺，
外應口舌吐五色花，

臨死呼救即得甦醒。
長久修煉可升太虛。

肝部章第十一

【題解】 本章敘述肝之顏色，肝神之服飾和功能。肝屬木，色青，開竅於二目，如日月之明。肝為魂之居所，主謀慮。肝與三焦氣合，而為口中津液，充盈滋潤全身，去除百病。病危時默念肝神，可攝魂還魄，起死回生。三十三章〈肝氣〉可與本章相互參照。

肝部之宮翠❶重裏❷，
下有青童神公子❸，
主諸關鍵❹聰明始。
青錦披裳佩玉鈴❺，
和制魂魄❻津液平，
外應眼目❼日月清。

百痾❽所鍾❾存無英❿，
同用⓫七日⓬自充盈。
垂絕⓭念神死復生，
攝魂還魄⓮永無傾⓯。

【注釋】❶翠　深綠色。肝居東方屬木，青色，翠即肝之色。❷重裏　肝宮在重重深綠之中。肝位膈下腹腔右上方，為右側肋骨所遮護，免其受傷。故言重裏。❸青童神公子　肝神也。其名龍煙字含明，青喻肝之色。❹主諸關鍵聰明始　肝主諸竅之關鍵，為聰明之始。肝屬木，從時令上說為春，為陽氣發生之時。肝通竅於目，又通五臟，故五臟所藏五行之氣經肝目而得聰明。❺青錦披裳佩玉鈴　肝神披青色錦裳，佩戴玉鈴。青錦喻肝之青色。玉鈴喻膽。又，裳為古時下體之服，如今之裙，不宜用披，故此裳或衫之誤。❻和制魂魄　調和裁制，使魂魄諧和一體，不離散。❼外應眼目　肝開竅於目，故外與眼目相應，能如日月朗照，內外清明。❽百痾　百病。痾又作疴，病也。❾鍾　聚集。❿無英　神名。與白元共居洞房宮，亦時在人之左肝。為肝神又一名號，往來於洞房宮與肝宮間。參見〈肺部章〉之「白元」條。⓫同用　協同用功。存思肝神同時，還要存思心肺脾腎諸神。⓬七日　存思七日。古人以七日為一個時間節律週期。《周易・復卦・卦辭》：「反覆其道，七日來復。」即為此意。標誌事物運動變化節律，七日為一小週期，故存思七日可初見成效。⓭垂絕　垂死；近死。⓮攝魂還魄　把棄身遊走的魂靈攝取回來，還入形體之中。《左傳》昭公七年載：「人生始化曰魄，既生魄，陽曰魂。用物精多，而魂魄強。」孔穎達疏曰：「魂魄，神靈之名，本從形氣而有；形氣既殊，魂魄各異，附形之靈曰魄，附氣之神曰魂也。附形之靈者，謂初生之時，耳目心識，手足運動，啼呼為聲，此則魄之靈也；附氣之神者，謂精神性識漸有所知，此則附氣之神也。」道教認為，人有三魂七魄，每月三日、十三日、二十三日晚上，三魂會棄身遊走；每月朔（農曆初一）、望（十五）、晦（月末）日，「七魄流蕩，交通鬼魅」。如果魂魄出而不返，人就會死亡。為此，需道士施法，攝魂還魄，以起死回生。詳見梁丘子注。⓯傾　傾側危亡，指人死亡。

【語譯】

肝宮位於深綠叢中，
肝神青童居處其下，
主諸關鍵為聰明始。
身披青錦佩帶玉鈴，
調理魂魄平衡津液，
外與眼應日月清明。
百病來襲存思元英，
同思五臟七日充盈。
垂死思神亦可復生，
攝魂還魄永不衰傾。

腎部章第十二

【題解】本章敘述腎的形狀、顏色，及對人體的功能作用。腎為水宮，主六腑九竅津液，為生命之本，存思腎神可使人長生成仙。

腎部之宮玄闕圓❶，
中有童子冥上玄❷，
主諸六府九液❸源。
外應兩耳百液津❹，
蒼錦雲衣❺舞龍幡❻。
上致明霞日月煙❼，
百病千災急當存❽。
兩部水王❾對生門❿，
使人長生升九天⓫。

【注釋】❶玄闕圓　像兩腎之形狀。玄，黑色。腎為水宮，水色黑，故稱玄。闕，古時宮殿祠廟陵墓前兩側的高建築物，左右相對。兩腎左右相對如闕又呈橢圓形，故稱闕圓。❷冥上玄　與上玄暗合。冥，暗，此指暗合。上玄，心宮。腎為下玄，其神玄冥字育嬰，與上玄心神暗合。❸九液　九竅之津液。九竅指眼耳鼻口七，加大小便處二，共九。五臟、六腑、九竅、百脈之津液流通，皆源於腎。❹外應兩耳百液津　腎與兩耳百脈相應，津液流通。腎為水宮，耳亦屬水，故相應。百液，百脈之津液。腎通過百脈與臟腑九竅及全身相溝通。❺蒼錦雲衣　黑色錦所製雲衣，為腎神所著。蒼，天之顏色。故有青天、天玄地黃之說，則蒼同青、玄，為黑色，以喻腎之色也。雲衣為腎膜之象。❻龍幡　繪有龍形的幡幢。古時以龍能行雲布雨，腎宮生水如龍，以龍幡喻之。❼上致明霞日月煙　腎氣上行，滋潤耳目，使耳聰目明。腎氣充盈旺盛如煙似霧。日月指腎宮二神，左男戴日，右女戴月。❽存　存思，為內視體內諸神的修煉方法。修煉時閉目冥思，潛神入靜，內觀形體，朗徹分明，神氣長存，諸神畢現。長期修煉可免災去病，獲得長生。此處指存思腎神。❾兩部水王　指左右腎。二腎主水，為人體津液之源，故稱水王。❿生門　肚臍，與腎前後相對。⓫九天　一般指天之極高處。道教九天有多種說法，其中之一認為天寶君、靈寶君、神寶君三祖化生玄元始三氣，三氣又各生三氣，合為九氣，以成就天。其名依次為郁單無量天、上上禪善無量壽天、梵監須延天、寂然兜率天、波羅尼密不驕樂天、洞元化應聲天、靈化梵輔天、高虛清明天、無想無結無愛天。另有數說，不煩數。

【語譯】

腎宮玄色如圓門闕，
其中之神暗與心合，
主宰六腑九竅津源。
外與兩耳百脈通連，
著玄錦雲衣揮龍幡。
上潤耳目明亮光豔，

百病千災急存可免。
兩腎水王對向肚臍，
存思腎神使人升天。

脾部章第十三

【題解】本章闡述脾之五行屬性、顏色、功能等內容。脾屬土，黃色，居黃庭宮，處胃上，脾胃常連稱。脾有運化水穀、輸布精微與運送水液作用。脾開竅於口，輸營養於肌肉、四肢和面部。脾胃合為後天營血化生之本。存思脾神，可登仙界。

脾部之宮屬戊己❶，
中有明童❷黃裳❸裏，
消穀散氣❹攝牙齒❺。
是為太倉❻兩明童❼，
坐在金臺城九重❽，

方圓一寸命門❾中。
主調百穀五味香，
辟卻虛羸❿無病傷。
外應尺宅⓫氣色芳，
光華所生以表明⓬。
黃錦玉衣帶虎章⓭，
注念三老⓮子⓯輕翔，
長生⓰高仙遠死殃⓱。

【注釋】❶戊己　中央土。古代以十天干配五行五方，東方甲乙木，南方丙丁火，西方庚辛金，北方壬癸水，中央戊己土。脾居腑腔中央部位，屬土，黃色。❷明童　脾宮之神。名常在，字魂停。❸黃裳　黃色下裳，脾神之服。黃喻脾宮之色。❹消穀散氣　消化穀物，把營養中的精氣，津液上輸於肺，再由肺輸布其他臟腑，滋養全身。❺攝牙齒　保養牙齒。因牙齒是消化系統第一關，食物經牙齒充分咀嚼後送入胃腸消化，才能為人吸收。攝有多義，此作保養解。❻太倉　古代官府貯糧之倉。此喻脾胃如體中之倉廩。❼兩明童　掌管脾胃之二神。❽金臺城九重　九重城門內之黃金臺。金臺喻脾，脾為土，土生金，故以金臺為喻。城九重，城牆層層包圍，難以進入。喻脾深居臟腑之中也。重，重複；反覆。九，形容多。城九重指用城牆重複圍繞多層，不一定是九層。❾命門　有多義，此指脾。《黃庭內景經》務成子〈敘〉：「脾為黃庭命門。」此黃庭當指脾宮所居之下黃庭。❿虛羸　虛弱疲困之態。⓫尺宅　面部。眉目鼻口共處面部一尺方圓之內，故稱尺宅。⓬光華所生以表明　面部容光煥發，表明脾內津液充盈，精氣旺盛。⓭黃錦玉衣帶虎章　用黃錦製作的華美衣服，帶有如虎皮一樣的斑紋。玉衣，華美之衣。虎章，黃黑相間如虎皮一樣的紋飾。黃喻脾宮之色。此類仙衣為地位高貴之神仙所服。⓮三老　元老君、玄老君、黃老君。據〈脾長章〉，三老為分居上中下三黃庭宮之神人。經常專注存思三老，可輕快飛升成仙。⓯子　指傳授《黃庭經》，並真心遵照修煉之人。⓰長生　超越生死的神仙。《莊子．齊物論》說：「方生方死，方死方生。」就是說生死是相互轉化的無限過程，有生必有死，只有無生，才會無死。達到無生無死，超越生死界限，才是真長生。⓱死殃　死亡和禍殃。

【語譯】

脾處中央戊己土位，
脾神居中下著黃裳，
消穀輸氣保養牙齒。
脾胃太倉有二神童，
坐在禁城黃金臺上，
方圓一寸黃庭宮中。
主調百穀五味馨香，
除去羸弱永無病傷。

外應面容氣色放光，
光華生於脾胃健壯。
黃錦玉衣繪有虎章，
存思三老輕快飛升，
長生高仙遠離死殃。

膽部章第十四

【題解】本章敘述膽的功能作用。膽貯存由肝臟分泌之膽汁，在進食時將膽汁輸入十二指腸，幫助消化。因膽汁比較清醇，含有精氣，又稱精汁。膽主決斷，外應眉目之間，喜怒形於此。憤則怒髮衝冠，具有雷電八振、龍旗橫天、力攝虎兵的威武氣勢。膽壯則英明果斷，威震八方。存思膽神，可致仙道，朝三清，役萬神。

膽部之宮六府精❶，
中有童子曜威明❷。
雷電八振❸揚玉旌❹，

龍旗❺橫天擲火鈴❻，
主諸氣力攝虎兵❼。
外應眼童鼻柱間❽，
腦髮相扶亦俱鮮❾。
九色錦衣❿綠華裙⓫，
佩金帶玉⓬龍虎文⓭。
能存威明乘慶雲⓮，
役使萬神朝三元⓯。

【注釋】❶六府精　六腑之精汁。六府即六腑，指膽、胃、大腸、小腸、膀胱、三焦。因膽汁是由肝臟分泌出來的，較其他臟腑之津液更加清醇，故稱六府精。❷曜威明　膽神名龍曜字威明。蘊含膽神具有英明果斷、威武神勇之意。❸雷電八振　雷電在八方震響，喻膽神之威猛氣勢。❹玉旌　白色大旗，喻膽氣之色。❺龍旗　繪有龍紋之旗。膽與肝皆位東方，屬木，為青龍之象。龍旗橫天，是形容膽氣豪壯、沖天干雲之氣勢。❻擲火鈴　形容憤怒時膽氣暴發，如同噴射出無數火球。火鈴比喻火球。❼攝虎兵　統率勇猛如虎之兵。攝，統率；指揮。虎兵，形容兵士勇猛如虎。❽眼童鼻柱間　雙目與鼻柱區間。童與瞳通，指眼睛。人之喜怒在此區間反映明顯，此區間與膽相應，是心膽之外在表現。❾腦髮相扶亦俱鮮　頭髮相扶豎立，表現鮮明。頭髮狀態能鮮明表現人之憤怒，如說怒髮衝冠之類。❿九色錦衣　以九種顏色錦製作之仙衣，為膽神所著。九色指青、赤、黃、白、黑、綠、紫、紅、紺，或泛指多種顏色。又說九色為五行之色外，另加紫、玄、綠、翠四色。⓫綠華裙　帶綠色花紋的裙子。綠色象膽膜之色。⓬佩金帶玉　佩帶金、玉飾物。⓭龍虎文　金玉飾物上刻有青龍、白虎紋飾。金玉龍虎等在道士煉養中，分別代表五行、五色，以及精氣、津液在體內升降運行、交互作用的狀態。⓮慶雲　五色雲，又稱景雲，古以為祥瑞之氣。《漢書・天文志》言：「若煙非煙，若雲非雲，郁郁紛紛，蕭索輪囷，是謂慶雲，喜氣也。」道教大神出行，則伴有慶雲出現。⓯三元　三元道君，為道教地位最高的三位尊神，即天寶君、靈寶君、神寶君，分別執掌清微天玉清境、禹餘天上清境、大赤天太清境。為道教諸神之宗主。

【語譯】

膽宮之汁六腑精華，
膽神龍曜居於宮中。
雷震八方揮動玉旌，
龍旗橫天噴射火球，
主宰氣力統率虎兵。
外應雙目鼻柱之間，
頭髮豎立表現鮮明。
九色仙衣配綠花裙，

佩帶金玉刻龍虎文。
存思膽神可乘慶雲，
能役萬神上朝道君。

【研　析】

《黃庭經》之前十四章可視為一個單元，主要闡述人體臟腑和主要器官的生理功能。這些闡述與古代醫經《靈樞》、《素問》有直接聯繫，也與早期道教經典《太平經》相近。一，二章外，其餘十二章敘述心、肝、脾、肺、腎、膽以及髮、腦、眼、鼻、耳、舌、齒共十三種器官。

敘述內容主要包括兩部分。一是各器官的生理功能，以及與其他器官的聯繫，精氣和津液的運行途徑等。如說心「調血理命身不枯，外應口舌吐五華」（十章）；說脾「主調百穀五味香，辟卻虛羸無病傷，外應尺宅氣色芳」（十三章）；說膽「主諸氣力攝虎兵，外應眼童鼻柱間」（十四章）等。這些敘述與古代醫書對臟腑的認識比較接近。《黃庭經》吸取這部分內容，用作修煉養生活動的功理，是它合理的有價值的方面。二是繼承《太平經》和《大洞真經》五臟皆有神及存思諸神可除病延年、長生成仙之說，並加以充實和發展。提出人之五臟六腑、九竅百脈，一切器官的生理功能都由神來支配。經中詳細敘述了諸器官神的名字、形象、顏色、服飾、五行屬性、方位、居處、隱喻，存思諸神之效驗等。依靠這些神的主宰，人體的生命活動才能正常運行。這裡所說諸神，與超自然的神力還有所區別，更近似一種所謂「功能神」，反映《黃庭經》的宗教神學特色。

對人體五臟六腑、器官經脈的功能作用，精氣、津液的運行途徑和相應諸神的了解，是進行修煉的前提，道教修煉就是在此範圍和系統中進行的。通過存思三黃庭和臟腑諸神，調諧精氣津液的運行，達到長生成仙的目標。以下各章則是介紹修煉方法。

脾長章第十五

【題解】本章前六句介紹脾胃神的名字、服飾、功能等，類似於前面各章。七句以下則是講修煉功夫。存思脾胃之神，使心空洞鑒，三老分主三丹田。運下丹田陰陽二氣，結精胎，成桃孩，經上下反覆回旋，陰陽滋養，再會歸於上丹田。練功時要閉三關，呑津液，保持心態平和，精氣通暢。如此則身強體健無災殃。

脾長一尺❶掩太倉❷，
中部老君❸治明堂❹，
厥字靈元❺名混康❻，
治人百病消穀糧❼。

黃衣紫帶龍虎章❽，
長精益命賴君王❾。
三呼我名❿神自通，
三老⓫同坐各有朋⓬。
或精或胎⓭別執方⓮，
桃孩⓯合延生華芒⓰，
男女⓱迴九⓲有桃康⓳。
道父道母⓴對相望㉑，
師父師母㉒丹玄鄉㉓。
可用存思㉔登虛空㉕，
殊途一會㉖歸要終㉗。
關塞三關㉘握固㉙停，
含漱金醴吞玉英㉚，

遂至不饑三蟲㉛亡，
心意常和致欣昌㉜。
五岳之雲㉝氣彭亨㉞，
保灌玉廬㉟以自償，
五形㊱完堅無災殃。

【注釋】❶脾長一尺　據托名呂祖的《太上黃庭內景玉經注》（簡稱《呂經》）引劉祖注曰：「脾者，一身之要物。相其形如片紙，核其實如龍唇，長一尺，寬三寸，掩於太倉之上。」❷太倉　胃名也。❸中部老君　黃庭宮在臟腑中部，脾神居此。老君，黃老君，中部黃庭宮之主宰神。❹明堂　兩眉間向內一寸處，即上丹田。❺靈元　脾神之字。以其能與元神相合，與萬靈相通，故以為字。❻混康　脾神之名。以其能把臟腑內之混沌食物分解開來，吸收精華，排除廢料，使人康泰，故名。脾神又名常在字魂停，臟腑諸神名字並不完全統一。❼消穀糧　消化食物。本屬胃之功能，經中脾胃常被視為一體。❽黃衣紫帶龍虎章　脾神之服飾。黃色喻脾之色。紫帶，紫色腰帶。龍虎章，帶龍虎之文飾。喻胃之皺褶。❾君王　指脾胃之神具有長養精神，增加壽命之功能。❿三呼我名　多次呼喚脾胃之名字。據《呂注》：「要以氣呼，非以聲傳也。食後以呼之三，曰唵，曰化，曰勞，三畢而神自通。」⓫三老　分主上中下三黃庭之尊神，即元老君居上黃庭宮。⓬各有朋　三老各有自己的朋友。元老君以泥丸君（腦神）、蒼華君（髮神），及青城、明堂中君臣，洞房中父母、天庭真人等為朋。玄老君以赤城童子、丹田君、皓華君、含明君、玄英君、丹元真人等為朋。黃老君以太一君、魂停君、靈元君、太倉君、丹田真人等為朋。（見梁丘子注）⑬或精或胎　或藏精或藏胎。下丹田為人命之根本，五氣之元，精神之所藏。男以藏精，女以藏胎。⑭別執方　分別執守其方所。指精胎因男女而分別執守。⑮桃孩　陰陽神名，亦名伯桃。梁丘子注引《仙經》曰：「命門臍宮中有大君，名桃孩，字合延，衣朱衣，巾紫，芙蓉冠。」⑯華芒　形容鮮花放出的光彩。比喻主宰生命之神桃孩生機勃勃，活力四射。⑰男女　陰陽。⑱迴九　迴旋運行於三宮九神間。九神指上中下三宮之三元君及太一、公子、白元、無英、司命、桃康。⑲桃康　下神名，主陰陽之事。⑳道父道母　比喻老陽老陰，如天地、乾坤等創生萬物之初本體。㉑對相望　陰陽相對各有性相，兩半合而為一。㉒師父師母　比喻中陰中陽，如水火、坎離，通過兩者交互作用，取坎填離以成道。㉓丹玄鄉　丹火玄水相互作用之所，亦即存思三田，進行修煉之處。㉔存思　為《黃庭經》和上清道派倡導的主要修煉方法，以反觀內視三丹田主宰神為修煉要領。即閉目內視，滌除雜念，集中精神，存想諸神名字、服飾、體貌等。據說如此長久修煉，堅持不懈，即可強身健體，飛升成仙。㉕虛空　無量無邊，不可窮極，不可感知的存在。道教用以比喻至高至大的功德或真性。《皇經集注》卷四：「功德若虛無」，「天上之物，皆有窮盡，唯虛無歷劫若是，再無改移。玉帝大功至德，無量無邊，如同虛無，不可窮極。」或指虛靜空明之境。㉖殊途一會　會上中下丹田之精氣匯歸為一。㉗要終　歸終。三丹田之精氣各有運行通道，最終會歸至中部脾宮。㉘三關　說法多種。有指目、耳、口，有指口、雙手、下部，有指口、手、足等。本書〈三關章〉指口、手、足。口為心關，主宰精神之機，足為地關，為生命之門；手為人關，把持盛衰。此說可從。㉙握固　兩手手指緊收內握。源自《老子》「骨弱筋柔而握固」，後來演化為道教修煉和行法掐訣的指法。方法是以兩手四指握固拇指，用中指中節壓蓋大指指甲之末，四指齊收於心。此處指用此方法控制命門，以固精護氣，不妄施泄。㉚含漱金醴吞玉英　含漱金醴，吞咽玉英。金醴，玉英，口中津液。㉛三蟲　潛伏人體的三種毒蟲。《洞神訣》：「上蟲白而青，中蟲白而黃，下蟲白而黑。人死則三蟲出而為屍鬼，各化為物與形為殃。擊之衡破也，其餘眾蟲皆隨屍而亡。」又名「三尸」。據梁丘子注：「上尸彭琚，使人好滋味，嗜欲痴滯。中尸彭質，使人貪財寶，好喜怒。下尸彭矯，使人愛衣服，耽女色。亦名三毒。」㉜欣昌　歡樂昌盛。㉝五岳之雲　五岳名山之雲氣。比喻五臟之氣。㉞彭亨　五臟之氣蓬勃順暢，無壅滯。㉟保灌玉廬以自償　言真氣和洽，出入玄牝，綿綿不絕，上下貫通，全身皆得滋潤。玉廬，鼻腔。㊱五形　五體五臟之總稱。

【語譯】

脾長一尺遮掩太倉，
中部老君兼治明堂，
脾字靈元名曰混康，
治人百病消化穀糧。
黃衣紫帶龍虎文飾，
長精益命賴此君王。
三呼脾名自能通神，
三老同坐各有其朋。
男精女胎各守其方，
神名桃孩煥發光芒，
陰陽九轉主於桃康。
陰陽乾坤兩相對望，
水火坎離相濟丹鄉。
存思諸神可登虛空，

合三田氣歸於脾中。
閉塞三關握固不泄，
含漱金醴吞咽玉英，
使人不飢三蟲消亡，
心意諧和歡樂興旺。
五臟精氣蓬勃順暢，
真氣貫通滋潤上下，
周身康健無災無殃。

上睹章第十六

【題解】本章敘述修煉者存思體內諸神，應該像日月星洞照九州八方一樣，無所不至。要與至道同一，使真氣貫通體內，不外泄。另三丹田神強氣壯，陰陽協調，魂魄合一，則三魂安寧，受天錄命。

上睹三元❶如連珠，
落落❷明景照九隅❸，

五靈❹夜燭煥八區❺。
子存內皇與我游❻，
身披鳳衣銜虎符❼，
一❽至不久昇虛無❾。
方寸之中❿念深藏⓫，
不方不圓⓬閉牖牕⓭。
三神還精⓮老方壯，
魂魄內守⓯不爭競。
神生腹中銜玉當⓰，
靈注幽闕⓱那得喪。
琳條⓲萬尋⓳可蔭仗⓴，
三魂㉑自寧帝㉒書命㉓。

【注釋】❶三元 指三光，即日月星也。日月星輪番照耀大地，如連珠也。❷落落 清澈明晰之狀。❸九隅 九州，或泛指大地山川一切角落。❹五靈 五星。星光在夜間照耀。又指心肝脾肺腎五臟之精靈之氣。此則以五星之光喻五臟之靈氣，內外一理也。❺八區 八方。比喻人體內一切地方。❻子存內皇與我游 修道者存思體內諸神與日月星漫遊。子指修道者。內皇，泛指體內諸神。我指日月五星。❼身披鳳衣銜虎符 身披有鳳凰圖案的仙衣，執掌虎符。體內諸神服飾不同，此為內皇之服飾。虎符為權力之象徵。❽一 至道；大道。《老子》三十九章言：「天得一以清，地得一以寧，神得一以靈，谷得一以盈，萬物得一以生，侯王得一以為天下貞。」即此一也。與一同體合一，則神仙可致也。❾虛無 道之本體。虛無生元氣，元氣生萬物。修煉者通過持久練功，達到的最高境界，便是使有形回復至無形，與虛無同體，則可超越生死而升仙。比喻仙境。❿方寸之中 指下丹田，又稱下關元、氣海、命門，在臍下三寸向內處，為人生命之本，陰陽之門戶，五氣之本元，為男子藏精、女子藏胎之所。⓫念深藏 時時加意，深自閉藏。⓬不方不圓 形容下丹田之形。又方圓比喻動靜，方靜圓動，不方不圓則是不動不靜，亦動亦靜，動中有靜，靜中有動，相互包含之義。⓭牖牕 門窗。比喻丹田精氣外泄之出口。⓮三神還精 三丹田之精神各返還原處，駐守不離。⓯魂魄內守 魂魄與形氣結合一體。魂守於氣，魄守於形，達到形神結合，陰陽互補，水火既濟，不相競相剋。⓰神生腹中銜玉當 精神生於心中，而與上丹田相貫通，自能腹心光明。腹中指中丹田，心神所居之所。玉當，玉璫紫闕，穴位名，在眉直上一寸入一寸處。⓱靈注幽闕 靈氣專注於下丹田，不使汙染流失。靈，靈氣，發自心宮。幽闕，兩腎之間，又稱幽關。⓲琳條 玉樹；仙樹。比喻姿容秀美有才幹之人。《黃庭外景經》「養子玉樹令可杖」，務成子注：「身為玉樹，常令強壯。」可為依仗。⓳萬尋 八萬尺。古八尺為尋。萬尋形容樹之高大。⓴蔭仗 庇護保護。喻身體為神庇蔭之所，身體高大強壯則庇護有力。㉑三魂 道教認為人身有三種氣質，練功者應攝守，時呼其名，使不離散。《雲笈七籤》卷五四：「夫人身有三魂，一名胎光，太清陽和之氣也；一名爽靈，陰氣之變也；一名幽精，陰氣之雜也。」㉒帝 道教之至上神，後指玉皇大帝。㉓書命 書寫其名錄，即將其名記入仙籍。

【語譯】

仰觀三光如同連珠，
清明景象照遍九州，
五星夜照煥映八方。
存思諸神與三光遊，
身披仙衣執掌虎符，
與道合一即升仙境。
方寸丹田加意深藏，
動靜合宜守護門戶。
神還三田老而益壯，
魂魄形氣合一不爭。
神生腹中上下通明，
靈注下田不使損喪。
玉樹高壯可為庇蔭，
三魂安寧仙籍載名。

靈臺章第十七

【題解】本章敘述修道者存思心神，由上元宮開始運行，回返中黃庭，再貫通經脈穴竅，與日月五星相應合，達到內外合一互補。是以心神為中心存思諸神的修煉方法。

靈臺❶鬱藹❷望黃野❸，
三寸異室❹有上下。
間關營衛❺高玄受❻，
洞房❼紫極❽靈門戶❾。
是❿昔太上⓫告我⓬者，
左神公子⓭發神語⓮，
右有白元併立處⓯。
明堂⓰金匱⓱玉房⓲間，

上清真人⓳當吾前。
黃裳⓴子丹㉑氣頻煩㉒，
借問何在兩眉端㉓。
內俠㉔日月㉕列宿㉖陳，
七曜㉗九元㉘冠生門㉙。

【注釋】❶靈臺　心也。空虛明淨，無神所居。《太平經》說：「心則五臟之王，神之本根，身之主也。」《性命圭旨》：「人自受生感氣之初，稟天地一點元陽，化生此竅，以藏元神。其中空空洞洞，至虛至明，乃吾人生之主宰。」❷郁藹　旺盛和悅之狀，是對心宮元神的描繪。❸望黃野　黃野為心神映照之所，故曰「望黃野」。黃野，中黃庭，亦即中丹田區域。❹三寸異室　上中下三丹田分處體內不同部位。三田各占一寸方圓，合稱三寸。分居泥丸、心、腎三宮，稱異室。❺間關營衛　指三田間關口控制人體營養輸送、氣之循環和護衛功能。間關，三丹田間皆有溝通關口。營衛，指人體的營養作用、衛外功能與氣之循環。❻高玄受　三田間之間關、營衛有至高至玄功能，心神當受以存思之。❼洞房　心神所居之所。在兩眉間稍上，向內二寸處，左有無英君，右有白元君，中有黃老君。❽紫極　皇帝宮殿之稱。唐代重道教，在諸州建老君廟，稱紫極宮。此當指泥丸宮，為上黃庭諸神所居。❾靈門戶　神靈聚居出入之門戶。指上黃庭宮。❿是　此；這。指《黃庭經》所傳道教修煉之術。⓫太上　道教常用語，許多道教經典都冠以「太上」名號，含至大至高至尊諸義。又指太上老君，即老子。此指高聖玉晨玄皇大道君。參見〈上清章〉注❹。⓬我　扶桑大帝自稱。扶桑大帝，道教神仙名。務成子注〈敘〉介紹《黃庭經》說：「扶桑大帝君命暘谷神仙王傳魏夫人。」以其為《黃庭經》最早傳人。晉葛洪《枕中記》謂扶桑大帝又名東王公，為元始天王與太王聖母結合所生，十三頭，號元陽父，住碧海之中等。⓭左神公子　侍立洞房宮左側之神，亦名無英君（肝神）。⓮發神語　發布神之教命，以指導虔誠的修道者。⓯併立處　侍立洞房宮右側為白元君（肺神），與無英併立。⓰明堂　明堂宮，位於兩眉間稍上向內一寸處。⓱金匱　天庭宮，在明堂上一寸處。⓲玉房　又名紫房、絳宮，皆上丹田諸宮名。⓳上清真人　上元部神仙名。⓴黃裳　脾神名。《抱朴子內篇．雜應》：「或思脾中神名，名黃裳子。」或以服飾得名。㉑子丹　下丹田。㉒氣頻煩　精氣上下貫通，頻繁交流，盛而不衰。㉓兩眉端　兩眉中間向內處。中丹田之精氣頻繁交流，再由下丹田返回上丹田與下丹田之精氣頻繁交流，再由下丹田返回上丹田兩眉中間向內處，明堂宮之前部位。㉔俠　通「挾」。挾帶。㉕日月　內指陰陽，外喻日月。存思時內外相聯繫，天人合一。㉖列宿　眾星。此句講修煉方法，即在練功時存思上元部諸神要由內外，與日月眾星相通，配以叩齒咽津、念誦咒語等。梁丘子注引〈五展行事訣〉：「南極元君授傳，每夜半坐臥，心存西方太白星。在兩眉間，直上一寸，入一寸，為玉璫紫闕，左日右月。又次存北方晨星，在帝鄉玄宮。在髮際下五分，直入一寸也。又次存東方歲星，在洞闕朱臺。洞闕朱臺在目後一寸，直入一寸是也。又次存南方熒惑星，在玉門華房。玉門華房在兩目眥際，直入五分是也。又次存中央鎮星，在金匱黃室長谷。黃室長谷在人中直入二分是也。存之又綴懸於上，畢，叩齒五通，咽液二十五過。微咒曰……」㉗七曜　日月與金木水火土五星。道教常以之配人之耳目鼻口七竅。㉘九元　九曜。七曜外另加羅侯、計都二星。九曜配人之九竅，七竅外加二陰，即大小便。㉙生門　生命之門。九竅失一，則危及生命，故九竅皆為生門。

【語　譯】

心神勃發映照黃庭，

方寸異室上中下三。
間關營衛高玄受，
洞房泥丸諸神家門。
從前太上教我黃庭，
左侍元英發布教命，
右侍白元併立諧同。
明堂金匱玉房中間，
上清真人在我面前。
脾腎精氣往來頻繁，
借問何往在兩眉間，
內存諸神通日月星，
七曜九元冠於生門。

三關章第十八

【題　解】前面三章闡述存思頭面臟腑諸神之方法，此章則為人在言論、行動、作事時應把握好的三大關口，即口為天關，足為地關，手為人關。當行則行，當止則止，動靜合宜。如此才不會干擾深藏體內精氣之正常運行，而有益於修道。

三關❶之中精氣深，
九微❷之內幽且陰❸。
口為心關精神機❹，
足為地關❺生命棐❻。
手為人關把盛衰❼。

【注釋】❶三關　三大關口，本章指口、足、手關，是說人在言行時能否把持好此三關，關係生死存亡，不可不慎察。三關這有多種說法，如指目、鼻、口，腎、心、泥丸，明堂、洞房、丹田，精、氣、神等。因行文各有所指，不可一概而論。❷九微　九宮幽微玄遠，三丹田、三洞房合上三元為九，宮中幽微玄遠，不可測知，故稱九微。❸幽且陰　幽深暗昧，不可分辨。❹口為心關精神機　心又作天。口為表達心意的關口，控制精神之樞機。道教告誡人慎行，一言既出，禍福立現。言而不謹，不是傷人，便是害己，關乎人之節操德行，故修道者應以口為心關，嚴加把持。❺足為地關　足行地上，表明人之行為，稱為地關。❻生命棐　生命之門戶。棐與扉通，門扇也。人如妄行，不能處止，必將危及生命，故為生命棐。❼把盛衰　把握盛衰成敗之時機。

【語譯】
三關之中精氣幽深，
九宮之內幽微暗昧。

口為心關精神樞機，
足為地關生命門戶，
手為人關把握盛衰。

若得章第十九

【題解】本章敘述修煉者要以心為中心，存思三丹田。由上丹田目神開始，經喉至心宮，再回往泥丸宮。並及萬物化生、聯繫、次第。使己魂與陰陽合一，與五星、北斗、日月共遊於六合之間，使內外諧合也。

若得三宮❶存玄丹❷，
太一流珠❸安崑崙❹。
重重❺樓閣十二環❻，
自高自下皆真人❼。
玉堂❽絳宇❾盡玄宮❿，

璇璣玉衡⑪色蘭玕⑫。
瞻望童子⑬坐盤桓⑭，
問誰家子在我身，
此人何去入泥丸⑮。
千千百百⑯自相連，
一一十十⑰似重山。
雲儀玉華⑱俠耳門⑲，
赤帝⑳黃老㉑與己魂。
三真㉒扶胥㉓共房津㉔，
五斗㉕煥明是七元㉖。
日月飛行六合間㉗，
帝鄉天中㉘地戶㉙端，
面部魂神㉚皆相存。

【注釋】❶三宮　三丹田宮。又說指上中下三宮，上宮泥丸，中宮黃庭，下宮丹田。❷玄丹　玄色丹元，指心也。❸太一流珠　眼睛。❹昆侖　頭，或上丹田。亦有稱臍神為太一君或稱昆侖。❺重重　重重疊疊。❻十二環　喉管十二節，像重重樓閣也。❼真人　真神。指由上至下各器官之主宰神。❽玉堂　肺部。❾絳宮　絳宮，即心宮也。心屬火，色赤，故稱絳。❿玄宮　幽深暗昧之宮室。⓫璇璣玉衡　北斗七星也。璇璣指斗，玉衡指柄。北斗不停圍繞北極星旋轉，比喻圓形喉骨動轉之象。⓬蘭玕　當作琅玕，一種美石或美玉名，其色潔白。⓭童子　指赤城童子，心神名。⓮盤桓　逗留不進。形容心神安坐不動、從容不迫的樣子。⓯泥丸　泥丸宮，腦神所居。此泛指上元諸神居處。⓰千千百百　存想宇宙萬物由一生二，二生三，三生萬物，萬物的無窮發展變化，皆不離身心。⓱一一十十　存想萬物由一而十、由少到多的生滅變化及其確定不變的規律秩序性。⓲雲儀玉華　鬢髮之稱號。髮神名蒼華，凡言華字，多用於指稱頭髮。此在耳側，知為鬢髮。⓳俠耳門　鬢髮擁夾在雙耳側。俠作夾。⓴赤帝　南方之帝君。南方屬火，故其神稱赤帝。或指心神。㉑黃老　中黃老，中黃庭宮之主宰神，屬土，當指脾神。㉒三真　三丹田之神。㉓扶胥　相互輔助。三丹田之間相互輔助，和諧如一。㉔房津　丹田內化生之津液。㉕五斗　五星。一般指金、木、水、火、土五星，與人體肺、肝、腎、心、脾相對應。㉖七元　北斗七星也，道教稱為解厄星君。《太清玉冊》卷七：「北斗七星稱為七元解厄星君……奉道者拜禮北斗七元星君，奉為消災解厄，保命延生也。」又以日月五星為七元，與體中之七竅相應。㉗日月飛行六合間　存思體內日月星辰，森羅萬象，如天地在我心中，了了分明。六合，上下四方。㉘帝鄉天中　眉上髮際五分直入一寸處為帝鄉，有神居之。明堂上一寸為天庭，天庭即天中，亦有神居。帝鄉、天中為天門，為諸神出入之地。㉙地戶　鼻也。㉚魂神　魂附於氣而無形體，可以自在流動，故稱魂神。此或指面部諸神。

【語譯】

想得大道心存三田，

雙目流動安處頭上。
重重喉管有十二環，
由上至下皆有真神。
玉堂心宮皆為幽室，
神機運轉色如美玉。
瞻望心神靜坐神閒，
問誰家子即我自身，
向何處去上入泥丸。
萬物無窮交互相連，
生滅變化秩序井然。
鬢鬢華美擁夾耳邊，
赤黃陰陽助我魂安。
三田諧合房津充盈，
五星煥彩洞明七元，
日月星辰行六合間。
帝鄉天中諸神出入，
面部諸神皆相存思。

呼吸章第二十

【題解】本章敘述呼吸導引固精延命之術，為《黃庭經》之重要修煉方法。認為真元之氣即在己身，用舌齒吐納導引，結精成胎，止於下丹田。又運三丹田精氣由右向左周流不絕，並專一持守，使其充盈，貫通周身，達到返老還童之效。

呼吸❶元氣❷以求仙，
仙公❸公子❹已在前❺。
朱鳥❻吐縮❼白石源❽，
結精育胞化生身❾，
留胎止精❿可長生。
三氣⓫右迴⓬九道明⓭，
正一含華⓮乃充盈。

遙望一心如羅星⑮，
金室⑯之下可不傾⑰，
延我白首反孩嬰⑱。

【注　釋】❶呼吸　氣之呼出吸入。一呼一吸為一息。❷元氣　含義寬泛。老莊及《太平經》等以元氣為產生天地萬物和人的元初本體，又受道的支配。後來道教形成許多流派，多以煉氣、行氣為主要修煉方法，把氣分為多種。在眾多氣中，元氣地位最高，又稱祖氣、真氣，稟受於先天，藏之於腎及命門，為生命之本。❸仙公按《黃庭經》所示之學道求仙之人。❹公子　洞房宮之左侍神，又名無英，為代表太上發布神語者。❺在前如在眼前。練功存思時出現之幻象。❻朱鳥　又作朱雀，指舌也。❼吐縮　伸展卷屈。❽白石源　齒齦。白石喻牙齒，源即齒齦。舌抵齒齦。為調息導引口中津液的動作。❾結精育胞化生身　使精氣結為丹胞，以運化營養身體。亦指男女交媾，結成胞胎，育生人。❿留胎止精　留精氣於胎中，止真精於丹田，不泄漏。亦指男女交合時，固精保本，精不外泄。以為如此可保長生。⓫三氣　上、中、下三丹田之氣。⓬右徊　氣之周流運行其順序為由左而右。⓭九道明　九竅通暢。九道，古指日月運行之軌道。此喻體內三田之氣在臟腑中運行，與日月運行之軌相應合，則通流朗徹清明。⓮正一含華　存正守一，則精氣充盈如花之含苞待放。⓯遙望一心如羅星　此喻存思心神呈現之景象。遠望心神赤城童子，如透過羅紗之星光。羅星，透過羅紗所見之星。⓰金室指肺宮。肺屬金，故稱其宮金室。心據肺下，金室之下則指心宮。⓱不傾　不傾倒死亡。⓲反孩嬰　變白首為嬰孩。返老還童，長生不死。

【語　譯】

呼吸元氣以求成仙，
仙公公子如在眼前。
伸屈舌尖直抵齒齦，
凝結胎胞化育生人，
留精止泄可保長生。
三氣右回九道通明，
存正守一氣盈如華。
存思心神貌若羅星。
思之不捨可保長生，
延我白首返為孩童。

瓊室章第二十一

【題　解】本章敘述養生修煉、絕妄安神之道，要在節欲慎房事。如果房事不節，恣情縱慾，使精氣神潰散，形神枯萎，便會危及生命。如能節制情慾，閉景內視，則虛室生白，遍體通明，身心康泰，返老還童，得升仙境。

瓊室❶之中八素❷集，
泥丸夫人❸當中立。
長谷❹玄鄉❺繞郊邑❻，
六龍❼散飛難分別。
長生至慎房中急❽，
何為死作❾令神泣，
忽之禍鄉三靈歿❿。
但當吸氣錄子精⓫，
寸田⓬尺宅⓭可治生。
若當決海⓮百瀆⓯傾，
葉去樹枯失青青⓰，
氣亡液漏⓱非己形，
專閉⓲御景⓳乃長寧。

保我泥丸三奇靈⑳，
恬淡閉視內自明㉑，
物物不干㉒泰而平。
慤㉓矣匪事㉔老復丁㉕，
思詠《玉書》㉖入上清㉗。

【注釋】❶瓊室　泥丸宮。《紫清指元集》言：人頭上有九宮，上應九天。中間一室稱泥丸宮，也稱黃庭、崑崙、天谷，為元神所居之宮。《三洞珠囊》卷三稱泥丸為「一般之靈宗，百神之命根，精液之山源，魂精之玉室」。亦有稱瓊室為膀胱，為體骨之象等。❷八素　八方之精氣。❸泥丸夫人　泥丸宮之神，亦名道母。此單提泥丸夫人，當是因本章重在講男女交合、節欲保精等房中術，此類事當由道母主管。❹長谷　鼻子。❺玄鄉　腎也。❻郊邑　指五臟六腑。此句意為鼻孔之氣出入與腎相通，圍繞五臟六腑周流不息。❼六龍　六腑之氣。因其在運行中產生精微玄妙之變，難於辨別，如龍之變化難測也。❽房中急　男女房事過度急切，好色縱欲無節制。認為男女頻頻交合，會使元氣散失，精泄不止，不能還精補腦，致使腦髓枯竭，神衰氣羸，危及生命。❾死作　恣情縱欲，妄行不節，敗喪元精，至死不悟。❿三靈歿　三魂離開形體而消亡。三靈即三魂，名爽靈、胎光、幽精。歿，亡也。⓫吸氣錄子精　用呼吸吐納導引之術，閉房止精，不使外泄。吸氣，呼吸吐納導引之術。錄，收攏關閉之意。⓬寸田　上中下三丹田各方圓一寸，稱寸田。⓭尺宅　鼻口舌齒眼耳等集於面部方圓一尺之內，總稱尺宅。⓮決海　沖決海堤。以外喻內之辭也。據《靈樞》，人身有四海，腦為髓海，衝脈為血海，膻中為氣海，胃為水穀之海。此指淫欲過度，使真精泄漏，如決堤之海水，不可阻止。⑮百瀆　百川，內喻人之百脈。此句言放縱淫欲，恣意宣泄，如海水決堤，百川傾注，使人精氣衰竭，如葉落樹枯，生氣盡失。⑯失青青　失去青春生氣。⑰氣亡液漏　元氣耗散，元精泄漏。往日健壯體魄不復存在。⑱專閉　專一於關閉眼耳鼻舌身意六門情欲，使內境不出，外境不入，以保持內心的虛靜狀態。⑲御景　閉目守心，保持寧靜。⑳三奇靈　三宮之神靈。《大洞經》云：「三元穩化則成三宮，一曰太清之中三君，二曰三丹田之神，三曰符籍之神，故曰三奇靈也。」還有以三奇指精氣神，日月星，又有以舌守上部靈根，臍守中部靈根，精房守下部靈根，稱為三奇靈等等。以第一說包容較廣。㉑內自明　虛室生白，遍體生明也。㉒物物不干　因專閉，外物皆不能干擾心之寧靜。㉓慤　謹慎。㉔匪事　指男女房中事。㉕丁　壯年；壯盛。㉖玉書　指《黃庭經》。此書又稱《黃庭內景玉經》、《東華玉篇》，故簡稱《玉書》。㉗上清　上清境，為三清境之一，道教神仙所居之仙境。

【語譯】

泥丸宮中八氣聚集，
泥丸夫人立在中央。
由鼻至腎貫通六腑，
六腑之氣微妙難別。
長生最慎房事過度，
為何縱欲令神哀泣，
忽至死地三魂消亡。
當行導引閉房止精，

三田尺宅以修長生。
放縱淫欲如決河海，
葉落樹枯再無生機，
氣散精泄失去原形，
閉關守心乃得長寧。
保養泥丸存想三奇，
恬淡無欲體自清明，
外物不擾安泰和平。
謹慎房事老而復壯，
思詠《玉經》可升仙境。

常念章第二十二

【題解】本章敘述修煉者固神養性，通過行氣導引，節制情欲，閉關寶精，使身心空明靜寂，形不受汙，存思不捨，則可升仙。

常念三房❶相通達，

洞❷得視見無內外。
存漱❸五牙❹不飢渴，
神華❺執巾❻六丁❼謁。
急守精室❽勿妄泄，
閉而寶之可長活。
起自形中❾初不闊❿，
三官⓫近在易隱括⓬。
虛無寂寂空中素⓭，
使形如是不當汙⓮。
九室⓯正虛神明舍，
存思百念⓰視節度⓱。
六府⓲修治勿令故⓳，
行自翱翔入天路⓴。

【注釋】❶三房　上中下三丹田，為精氣神所聚之所，謂之三房。❷洞　通。此非指一般之通達、相通，而指修煉者獲得之特殊功能，可上通於天，下通於地，中與神仙往來。並與體內三田相通，無分內外。❸存漱　存思漱咽。漱即漱咽，漱口中津液，咽而服之。❹五牙　五行之生氣與五臟相配。服御五牙亦為道教修煉方法。梁丘子注引《元精經》，介紹立春日存漱東方木氣與肝氣相合之青牙，可使「肝府充盈，玉芝自生，延年駐壽，色反童嬰。五氣混合，天地長并」。❺神華　神名，當指六甲陽神。❻執巾　持巾服侍。❼六丁　六女神名。即丁卯、丁丑、丁亥、丁酉、丁未、丁巳。據說六丁六甲神隸屬真武大帝，能行風雨、制鬼神。道士可設齋醮，焚化符籙，召請祂們驅鬼禳災。此指修煉得道者，有六丁六甲神來服役，供驅使。❽精室　上中下三丹田。精氣貫通三田，上下流轉不息，主宰者在心，即中丹田。由心調控運行節奏，辨別真妄。故存心為根本。❾起自形中　發源於形體之內。指修煉之精氣神皆源自體內。❿闊　廣闊；廣大。⓫三官　三田之神。⓬隱括　矯正彎曲竹木，使其變直的工具。引申義為矯正、訂正。此言三田之神在前，矯正練功者之偏很容易。⓭空中素　懸在空中的白絹。用以比喻人身本來的虛靜空明，未受外事干擾狀態。素，白色生絹，亦指白色，或事物的本然狀態，如《老子》：「見素抱樸。」⓮汙　染汙。⓯九室　頭中九宮之室及人之九竅。為眾神棲居之所。梁丘子注引《洞神經》云：「天有九星，故稱九天。地有九宮，故稱九地。人有九竅，故稱九生，言人所由而生也。」言人與天是相應相感的。⓰存思百念　存念身中眾神，千千百百皆現其象。⓱節度　道教修煉之科儀法度。修煉各項內容，皆遵此科儀法度進行，不可隨意妄行。⓲六府　心肝脾肺腎膽六者，皆冠以府名。梁丘子注引《洞神經》云：「六府者，謂肺為玉堂宮尚書府，心為絳宮元陽府，肝為清泠宮蘭臺府，膽為紫微宮無極府，腎為幽昌宮太和府，脾為中黃宮太素府。」⓳故　陳舊；朽敗。⓴天路　升仙之路。

【語譯】

常思三田相互通達，

洞見天人無分內外。
存漱五氣不飢不渴，
丁甲神人執事參謁。
守好精室勿使漏泄，
閉關寶精可得長生。
起於形中初不廣闊，
三神近在易於匡正。
虛無靜寂如空中素，
使形如此不受染汙。
九宮九竅虛待神棲，
存念眾神須遵節度。
六府修治勿令陳腐，
自會飛升得入仙路。

治生章第二十三

【題解】本章概述求長生之道約而不煩，就是精修《洞玄》與《黃庭》，存思身中三丹田之八景二十四真，使真氣在體內自然運轉，達到虛靜恬淡，身心合一，天人合一，內外通明，則可進入神仙之境，不須煩雜向外求索。

治生之道❶了不煩❷，
但修《洞玄》❸與《玉篇》❹，
兼行形中八景神❺，
二十四真❻出自然。
高拱❼無為魂魄安，
清靜神見與我言。
安在紫房幃幙❽間，
立坐室外三五玄❾。
燒香接手❿玉華⓫前，
共入太室⓬璇璣⓭門。
高研恬淡⓮道之園⓯，

內視密盼❻盡睹真❼。

真人在己莫問鄰，

何處遠索求因緣❽。

【注釋】❶治生之道　修煉長生成仙之道。❷了不煩　簡約明瞭而不煩雜。❸洞玄　洞者通也。玄者幽深玄微也。指通達玄微的道教理論。具體指道教上清派的主要經典《洞玄經》。❹玉篇　指《黃庭經》。❺八景神　據《洞玄靈寶三十四生圖經》，上元宮八景神為：腦神，名覺元子，字道都；髮神，名玄父華，字道衡；皮膚神，名通眾仲，字道連；目神，名靈監生，字道童；項髓神，名靈謨蓋，字道周；膂神，名益歷輔，字道柱；鼻神，名仲龍玉，字道微；舌神，名始染峙，字道岐。中元宮八景神為：喉神，名百流放，字道通；肺神，名素靈生，字道平；心神，名煥陽昌，字道明；肝神，名開君童，字道清；膽神，名德龍拘，字道放；左腎神，名春元真，字道卿；右腎神，名象地無，字道玉；脾神，名寶元全，字道騫。下元宮八景神為：胃神，名同來育，字道展；窮腸神，名北騰康，字道還；大小腸神，名蓬送留，字道廚；胴中神，名受厚勃，字道虛；胸膈神，名廣英宅，字道中；兩脇神，名辟假馬，字道成；左陽神，名扶流起，字道圭；右陰神，名包表明，字道生。❻二十四真　上元中元下元宮各有八景神，合為二十四真人。❼高拱　兩手合抱安然端坐的姿態。❽紫房幃幙　紫房為絳宮，心神赤城童子居所。幃幙，同「幃幕」。懸掛之帳幕。❾三五玄　三丹田及五臟真氣貫通調和，變化玄妙。因有八景二十四真神護衛，故能如此。❿接手　兩手相交。⓫玉華　華蓋之前，兩眉之前部位，又稱天庭。為日神之宗元，真人之窟宅。⓬太室　洞房宮。兩眉間入二寸處為洞房宮，此宮中位為黃老君，左有元英君，右有白元君。⓭璇璣　北斗星，又稱天樞，古人以為周天眾星繞它旋轉。此喻心宮，練功時心居中視而察之，似若不動，能應物而常寂。⑭高研恬淡　精深研習修仙之道，又能保守靜淡泊之心態。⑮道之園　修仙得道之家。⑯內視密盼　排除干擾，虛靜專一反觀內照，存思體內諸神的不同狀貌。⑰真　真人，指體內諸神。⑱因緣　機緣；機會。因指原因，緣指條件。作成一件事要有必要原因、條件，求道成仙亦如此。《黃庭經》主張「真人在己莫問鄰，何處遠索求因緣」，就是教人內求，存思體內諸神，無需向外面求索。

【語　譯】

成仙之道約而不煩，
修習寶典《洞玄》、《玉篇》。
存思體內八景諸神，
二十四真自然出現。
拱手閒坐魂魄自安，
清靜神現與我對談。
心處紫房幃幕之間，
諸神護衛氣運自然。
焚香禮拜天庭諸神，
共入洞房絳宮之門。
恬淡無為修道家園，
內照心觀真神盡現。
修仙在己莫問他人，

無需遠處求索因緣。

【研析】這一部分從十五章至二十三章，共九章，相對集中地敘述了存思體內諸神的修煉方法。大體包括以下一些內容：以上中下三丹田為中心，每部分都有八景神，合為二十四真人。練功時保持虛靜無欲心態，關閉三關七竅，防止真氣漏泄。然後身心停息，意念專一，存思三元，使陰陽二氣循一定途徑在體內五臟六腑、七竅百脈中周流不息。通過陰陽交合，化生津液，存漱止飢。練功時要存思諸神，與神同處，聽神指教，在諸神護衛下，驅除邪惡，使精氣神聚合成丹。其中突出心神之主宰作用；強調反觀自身，不向外求索；以及節制情欲，謹慎房事，固精寶真等。這些對後期道教修煉內丹方法有重要影響。

隱影章第二十四

【題解】本章讚頌遁世成仙之樂，可以體健、心靜、長生不死。可以居仙境，乘坐金輦玉輿，御風遨遊。勸人不必猶豫，盡快拋開紛煩腐臭的塵世，入山學道吧。

隱影滅形❶與世殊，
含氣養精口如朱❷。

帶執性命❸守虛無，
名入上清❹死錄除❺。
三神❻之樂由隱居，
倏欻❼游遨無遺憂。
羽服❽一整八風驅❾，
控駕三素❿乘晨霞，
金輦⓫正立從玉輿⓬，
何不登山誦我書⓭。
鬱鬱窈窕⓮真人墟⓯，
入山何難故躊躇⓰，
人間紛紛臭帤如⓱。

【注釋】❶隱影滅形　逃離塵世，把形跡隱滅於山林。❷口如朱　唇如塗朱。形容得道者容光煥發，儀態綽約，如青春少女。朱，大紅色。❸帶執性命　雙修性命，不使相離。❹名入上清　名字列入上清仙境，得補仙籍，與仙人為伍。❺死錄除　從死亡名冊上除掉。道教認為，天下男女之生死，都有神仙掌管，記錄在冊，不可改變。宋呂元素《道門定制》卷一：「詣太上老君，對校天下男女，應生者注玉曆；九氣丈人詣九老仙都君，對核天下男女，應死者注死籍。」得道成仙者則從死籍除名，而得永生。❻三神　三丹田之神。❼倏欻　應作「倏忽」，疾速、時間極短暫之意。形容得道成仙之人，可以快速遊宇宙，自由來去，不留憂愁。❽羽服　仙衣。用鳥羽製成的衣服，取其飛翔之義。後多指道士、仙人所著之衣，有七色、九色多種。❾八風驅　八方之風為前驅，為其清掃道路。❿三素　三素雲，指紫青黃三色雲氣。⓫金輦　以金為飾，用人拉的車子，天子王侯所用。此指仙人之車。⓬玉輿　以玉為飾的車子，亦指仙人所用物。⓭書　指《黃庭經》。⓮郁郁窈窕　繁茂深邃。形容修道之深山幽谷，林木繁茂，幽靜深邃。⓯真人墟　神仙居住之所。墟，人聚居之所，亦指鄉村集市。⓰躊躇　猶豫不決，欲進猶止。⓱臭帤如　如同發臭的破拭巾。帤，大巾。此指抹布之類。

【語譯】

隱跡滅形與世殊離，
含養精氣唇紅如朱。
雙修性命持守虛無，
名登仙錄死籍永除。
三田神悅皆因隱居，
即興遨遊不留遺憂。
仙衣穿好八風清路，
駕馭彩雲乘坐晨霞，

金輦玉輿前呼後擁，
何不進山誦讀《黃庭》。
林茂山幽神仙居所，
入山修道不必躊躇，
拋開塵世如棄臭布。

五行章第二十五

【題解】此章或為修煉內丹之口訣。大意是說通過五行相推，三五磨合，陰陽諧調，按八卦方位反覆運轉，由腎宮升至上元，則三明生華，與北斗、日月相輝映。再專一持守，貫通周身，則精神健旺。其中所述當有師徒面授、口耳相傳之祕法，難求甚解。

五行相推❶反歸一❷，
三五合氣❸九九節❹。
可用隱地迴八術❺，
伏牛❻幽闕❼羅品列❽。

三明❾出華生死際❿，
洞房靈象⓫斗日月。
父曰泥丸母雌一⓬，
三光煥照入子室⓭。
能存玄真⓮萬事畢，
一身精神⓯不可失。

【注釋】❶五行相推　五行順則相生，逆則相剋。水生木，木生火，火生土，土生金，金生水，周而復始，往返無窮，為順推。水剋火，火剋金，金剋木，木剋土，土剋水，則為逆推。五行生剋制化皆相推也，萬物由之而成。❷反歸一　五行生剋而成萬物，萬物又復歸於一。❸三五合氣　三指天地人，五指五行，故稱三五。天地人各懷五行之氣而相互交合。❹九九節　精氣貫通九宮，按照天地節律反覆運轉烹練，九轉而成丹，即九九節也。❺隱地迴八術　九宮八卦運轉中包含之隱遁變化之術。修道者專心習練，存思不離，必得長生。❻伏牛　腎也，其形如伏臥之牛，故名。❼幽闕　兩腎左右相對，如宮門之兩闕。❽羅品列　腎宮諸神按品級排列眼前，須一一存思之。❾三明　據梁丘子注，天地人皆有三明，天之三明日月星，地之三明文章華，人之三明耳目口，三明出華當指人之三明與天地之三明相互映照，其真景顯現如華。❿生死際　生死之關節。意為修煉要遵循天地陰陽五行之順逆，依照節律，掌握火候，稍有差失，就會危及生命。⓫洞房靈象　存思洞房宮中三光聚會，陰陽交合，而成靈象。洞房宮在兩眉間內入二寸處。靈象，靈指大道之真，恍惚窈冥，不可具象。存思內視則可呈現出神妙幻象。⓬雌一　右腎。《難經・三十六難》：「腎兩者，非皆腎也。其左者為腎，右者為命門。命門者，諸神精之所舍，原氣之所繫也。」腎屬陰，為雌。右腎為命門，為腎中之一，稱雌一。⓭子室　丹胎之室，或指下丹田。⓮玄真　道之真諦。⓯精神　生命之根本。精與氣組成人的有生命的形體，為神所依託之宅。精竭氣耗則神離，神離則形死。故精神為生命之根本。

【語譯】

五行相推復歸於一，
三五合氣九轉成丹。
存思隱遁變化八術，
兩腎之間眾神排列。
三明生華生死關節，
洞房靈象如北斗日月。
父為泥丸母為命門，
日月星光煥照子室。
存思大道萬事皆成，
身之精神不可散失。

高奔章第二十六

【題解】本章敘述修煉奔日月法，達到長生成仙之術。《黃庭經》以存思體內諸神為主，也有存思日月星辰，採外景以補內氣，促進內外結合、天人合一的功法。如〈上有章〉「出日入月呼吸存」、〈上睹章〉「上睹三元如連珠，落落明景照九隅」等，皆含此義。本章則言修煉此法有鬱儀、結璘二仙護衛，上升玉清境，拜見上仙，返老還童，與神仙優遊。

高奔日月❶吾上道❷，
鬱儀❸結璘❹善相保。
乃見玉清❺虛無老❻，
可以迴顏❼填血腦❽。
口銜靈芒❾攜五皇❿，
腰帶虎籙⓫佩金璫⓬，
駕歘⓭接生⓮宴東蒙⓯。

【注　釋】❶高奔日月　仰望日月而心嚮往的修煉方法。據梁丘子注，奔日法為「日初出時，東向叩齒通畢」，微咒曰魂名，默念十六字咒語，然後「瞑目握固，存日中五色流霞，來接一身，於是日光流霞，俱入口中」。還有吞月精之法，「月初出時，西向叩齒十通」，默念二十四字咒語畢，「瞑目握固，存月中五色精光，俱入口中」。又「月光中有黃氣大如目童，名曰飛黃月華，玉胞之精也。能修此道，則奔日月而神仙矣」。❷上道　修真成仙至上之道。❸鬱儀　奔日之仙。❹結璘　奔月之仙。❺玉清　玉清境，道教神仙所居三清境之一。❻虛無老　神仙名。言其能「墮肢體，黜聰明，離形去知」，與道同一也。道教有十三虛無，又稱十三混沌。《七部名數要記》言：「一曰遺忘形體，恬然若无，謂之虛；二曰損心去意，廢偽去欲，謂之無……」將類似眾義附與神名，即為虛無老。❼迴顏　容顏由衰老返回青春。❽填血腦　填補腦髓精血，使其充盈有活力。❾口銜靈芒　口吐五色雲氣，光芒四射。❿攜五皇　與五皇老君攜手同處。五皇即五皇老君，神仙名。⓫虎籙　畫有虎形圖文的符籙。符是一種筆畫屈曲，似字非字的圖形；籙為記載天曹官吏之名籙，兩者相互參雜，代表天神的文字。⓬金璫　鍍金之鈴。虎籙、金璫皆神仙佩帶之物。梁丘子注引《九真經》云：「中央黃老君，腰佩玄龍神虎符，帶流金之鈴，執紫毛之節。」即其例也。⓭駕欻　駕雲乘風忽然而至。駕，駕馭，指駕馭風雲。欻，忽然；疾速。⓮接生　與生氣相接，而得長生也。⓯東蒙　東海中之仙山，神仙所居之境。

【語　譯】

仰觀日月修煉上道，
郁儀結璘二神保衛。
可見玉清虛無老君，
能充精血補腦回顏。
口吐雲霞相伴五皇，

腰帶虎籙身佩金璫，
乘雲接氣赴宴東蒙。

玄元章第二十七

【題解】本章敘述練神合一，亦即練神合道的方法。一即道也。無形無質，只有虛無守真，方可窺其端倪。修煉時切忌死氣穢濁。身心清靜，六神來集，方能結珠固精。要善閉欲門，吞食胎津，如此勤習苦練，則神與道合一，遂成飛仙。

玄元❶上一❷魂魄鍊❸，
一之為物叵❹卒見，
須得至真❺始顧眄❻，
至忌死氣❼諸穢賤❽。
六神❾合集虛中宴❿，
結珠⓫固精⓬養神根⓭，

玉箎金籥⓮常完堅。
閉口屈舌食胎津⓯，
使我遂鍊獲飛仙⓰。

【注釋】❶玄元　大道，道之本體。❷上一　至上之一。按《道德經》言：「道生一，一生二，二生三，三生萬物。」似乎道高於一，為一之本源。實則，道教所說抱一、守一，其一則為道與形合，有與無合，性與命合，體現更具現實性之道。❸魂魄鍊　修煉形神魂魄合一。道教認為人身有形神魂魄，彼此相合一，人才獲得生命。但神魂屬陽、喜動，形（精聚而為形）魄屬陰、喜靜，二者性質不同，存在分離的危險。通過修煉至道，可以防止。❹叵　不可。❺至真　對修真得道者的尊稱。謂六年絕粒，鼻無喘息為至真。《三極至命筌蹄》言，至真者白玉其骨，黃金其筋，履蹈虛空，洞貫金石，為修仙之極致。❻顧眄　眄又作盼。還視曰顧，斜視曰眄。指轉眼觀看。❼死氣　屍體所發之氣。又指日中至夜半之氣，或呼出之氣、邪氣、病氣等。❽穢賤　汙穢之物，淫賤之事。❾六神　六丁六甲神及體內六府諸神。❿虛中宴　體內虛空，則諸神宴然安樂。⓫結珠　吞咽津液連續不斷，狀如結珠。⓬固精　固守元精不漏泄。⓭神根　形軀也，為神依託之本根。形神相互資藉，以為生之主。⓮玉箎金籥　金玉製作之鎖匙。可以嚴控穴竅之開合。箎或作匙。⓯食胎津　吞食屈舌導出之津液，可以辟穀不飢。道書中常稱此種津液為玉液、醴泉、靈液，由練氣而生，為五臟之精華，甜美清香，稱為胎津。長期吞咽可長生成仙。⓰飛仙　《搜神記》卷一將仙分為九品，第八品為飛仙。此為泛稱，指能駕雲氣在天空飛翔之仙人。

【語譯】

至道修煉魂魄合一，
一之為物不可得見，
修成至真方得觀見，
最忌死氣汙穢淫賤。
六神聚集虛中安樂，
咽津固精頤養其身，
嚴閉穴竅常保完堅。
閉口屈舌吞咽胎津，
使我遂志練成飛仙。

仙人章第二十八

【題　解】本章敘述仙人皆積精累氣練成，非天生固有。按《黃庭經》指引進行修煉，必有神人負甲持符護衛。要使真氣在體內上下貫通流轉，在三丹田中反覆烹練，最終必能結丹於兩眉之間的天庭宮，而成仙有望。此為練功之根本。至於文中描繪之「執劍百丈舞錦幡，十絕盤空扇紛紜，火鈴冠霄墜落煙」等景象，則為練功過程中產生的神祕直覺映象。

仙人道士非有神，
積精累氣以為真❶。
黃童❷妙音❸難可聞，
《玉書》、《絳簡》❹赤丹文❺。
字曰真人❻巾金巾❼，
負甲❽持符❾開七門❿，
火兵⓫符圖⓬備靈關⓭，
前昂後卑⓮高下陳。
執劍百丈⓯舞錦幡⓰，
十絕盤空⓱扇紛紜，
火鈴冠霄⓲墜落煙。
安在黃闕⓳兩眉間，
此非枝葉實是根⓴。

【注釋】❶真　真人，道教之神人。❷黃童　黃庭真人，亦名赤城童子，心宮之神。❸妙音　玄妙之音，謂黃庭真人宣講大道之聲音。❹玉書絳簡　指《黃庭經》。此書又稱《東華玉篇》，簡稱《玉書》。又稱《大帝金書》，金為赤、為絳色，稱《絳簡》。❺赤丹文　用赤丹書寫之文字。赤丹當指朱砂之類。❻真人　指黃童，心宮之神。❼巾金巾　佩帶白色頭巾。肺屬金，色白，為精氣所生之處。肺在心上，故心神黃童帶白頭巾以喻之。❽負甲　存思六甲神。據梁丘子注，六甲神為：甲子神王文卿，甲戌神展子江，甲申神扈文長，甲午神衛上卿，甲辰神孟非卿，甲寅神明文章。存六甲神名，則七竅開通，無諸疾病。❾持符　持有符信。門不可隨意開啟，須遵守章法，按章而行，故須持符信為憑。❿七門　耳目鼻口七竅也。七門按章憑符開啟，並有六甲神守衛，以防止六賊入侵。⓫火兵　心神所統御之兵。心屬火，對周身有統攝作用，故以火兵為喻。⓬符圖　據梁丘子注，符指八素、六神、陽精、玉胎、練仙、陰精、飛景、黃華、中景、內化、洞神諸符。圖指太一混合三五圖、六甲上下陰陽圖、六甲玉女通靈圖、太乙真人圖、東井沐浴圖、老君內視圖等。⓭備靈關　守備體內諸關竅，以防外邪內侵。⓮前昂後卑　前高後低。前昂起，後低下。前指面部諸關竅，後指下部關竅。⓯執劍百丈　手持百丈長劍。形容火兵威猛強悍氣勢。⓰舞錦幡　揮舞錦旗。揮幡使眾人行動一致，持劍則用以制敵。⓱十絕盤空　各種顏色旗幟時聚時散，在空中盤旋飛舞。十指旗幟，顏色眾多。絕指分開。⓲火鈴冠霄隊落煙　火鈴衝上雲霄又墜落到煙塵裡。比喻練功時精氣上衝至極，又復返於下。⓳黃闕　兩眉間向內之天庭宮。⓴根　根本。指積精累氣，為修成至道的根本。

【語譯】

成仙得道非有神助，
積精累氣即可修成。
黃庭妙音難得耳聞，

《黃庭》、《玉書》載有明文。

黃童心神佩白頭巾，
六甲持符開啟七門，
火兵符圖守備關竅，
前高後低依次列陣。
執百丈劍揮舞錦旗，
錦旗分合盤旋紛紜，
火鈴衝霄復墜煙塵。
安然結丹眉間天庭，
此非枝葉修道根本。

紫清章第二十九

【題解】本章敘述修道者既要感恩上皇大道君的慈悲接引，更須晝夜存思，七日勿眠，精誠專一，保身固本，守真不二，恬淡虛無，則神不求而自致。

紫清上皇大道君[1]，

太玄太和❷俠侍端❸，
化生萬物使我仙，
飛升十天❹駕玉輪❺。
晝夜七日❻思勿眠，
子能行此可長存。
積功成鍊非自然，
是由精誠亦由專。
內守堅固真之真❼，
虛中恬淡自致神。

【注釋】❶紫清上皇大道君　道教神仙名，又稱玉晨君。據《真靈位業圖》：「第二中位『上清高聖太上玉晨君』，為萬道之主。」當即指此，為道教中地位極高的尊神。❷太玄太和　二神仙名。太玄喻太虛，太和喻陰陽合和。❸俠侍端　侍立在上皇大道君兩側。俠，同「夾」。夾侍也。❹十天　一般皆言九天，此言十天，當是合虛實而言。九為實，一為虛，虛實相涵而稱十天。泛指無限高天。❺玉輪　五彩雲氣環繞如輪。❻七日　陰陽流轉，七日一個週期，《易》有「七日來復」之說，故定存思七日也。❼真之真　精誠固守本性之真。

【語譯】

紫清上皇居於中位，
太玄太和侍立兩邊，
造化萬物唯令我仙，
飛升高天乘駕玉輪。
晝夜七日存思勿眠，
你能遵行可得長生。
修煉得道非由自然，
既由精誠亦由專一。
精誠固守本性之真，
空虛恬淡神則自來。

百穀章第三十

【題解】本章敘述辟穀食氣的好處。認為百穀味美而性邪，能臭亂神明胎氣，不能使人返老還童，還會使人三魂離形而去。不如食太和之氣，修煉《黃庭經》，可得長生。

百穀之實❶土地精❷，
五味外美邪魔腥❸。
臭亂❹神明❺胎氣❻零❼，
那從反老得還嬰。
三魂忽忽❽魄糜傾❾，
何不食氣太和精❿，
故能不死入黃寧⓫。

【注釋】❶百穀之實　各種穀物的果實。❷土地精　土地生出之精華之物，指穀物等。❸邪魔腥　邪惡穢濁之氣。言百穀之實雖味美，卻非清虛純正之氣，內含邪惡腥臊穢濁之雜氣。❹臭亂　氣味可擾亂。❺神明　精神；神智。❻胎氣　亦稱胎息，指胎兒在母腑中之呼吸。此氣受之於天，渾淪和諧，自生自理，自然堅凝。練功至深，呼吸微弱，口鼻已無感覺，僅丹田內稍有起伏，類似胎兒之呼吸，稱胎息。此氣無味，純正自然，切忌腹膻穢濁之氣擾亂。❼零　散失。❽忽忽　神智迷惑、恍惚，失去常態。❾糜傾　糜爛朽敗。❿食氣太和精　服食太和之精氣。食氣即服氣。為道教重要修行方法之一。道教認為人與物皆稟氣而有，氣全則生存，去疾安形，益壽延年。故《太清服氣口訣》言：「夫食元氣，天不能殺，地不能藏者，佳矣。且交接元氣於腎鼻之間，分陰陽於臟腑之內，吐納無爽，攝持不乖，則長生之端可以期矣。」服氣之法甚多，一般分存服內氣和外氣兩類。太和，少陽之氣，最富生機活力。⓫入黃寧　修成黃庭之大道。

【語　譯】

百穀果實土地精華，
外雖美味內藏邪腥。
臭味亂神胎氣散失，
何能再得返老還童。
三魂迷惑形魄朽敗，
何不服食太和精氣，
可以長生大道修成。

心典章第三十一

【題　解】本章敘述心為一體之主，五臟之王，存念心神，可以內涵道德，外顯明光，與時開合，調諧陰陽，而使百體聽命。

心典❶一體五藏王❷，

動靜念之道德行，
清潔善氣❸自明光。
坐起吾俱共棟梁❹，
晝日曜景❺暮閉藏❻，
通利華精調陰陽❼。

【注釋】❶典　主持掌管。❷五藏王　五臟之首領。❸清潔善氣　心具德行則清潔，其氣善。❹棟梁　房屋之主梁，此指屋宇。行住坐臥不忘存思心神，與心神同處一宇。❺曜景　顯曜景象。白天感官打開，心神感知外物景象。❻閉藏　關閉隱藏。夜裡關閉感官，萬物隱藏。❼通利華精調陰陽　心神通過眼睛之晝夜開合，來調諧陰陽。華精，目光。目與心神相應，心開則目開，心閉則目閉，順晝夜以調陰陽也。

【語譯】

心主一體為五臟王，
動靜存思行合道德，
德清氣善自然明光。
坐起與心共處一宇，
白天顯象夜晚閉藏，

通過雙目調諧陰陽。

經歷章第三十二

【題解】本章敘述存思兩腎之神，以寶精延壽之法。把《老子》「知其雄，守其雌」、「知其白，守其黑」思想，用於修道實踐。全章只五句，當為練功口訣。

經歷六合隱卯酉❶，
兩腎之神主延壽❷。
轉降適斗藏初九❸，
知雄守雌❹可無老，
知白見黑❺急坐守。

【注釋】❶經歷六合隱卯酉　六合，天地間上下四方。卯酉，古人以十二支記時，卯為日出之時，相當於早晨五時至七時；酉為日落之時，相當於傍晚十七時至十九時。由卯至酉為白天，由酉至卯為夜間。此句「經歷六合」為白天，「隱卯酉」為夜間，按序應為隱酉卯。❷延壽　延長壽命。腎藏精，為生命之本，故主延壽。❸轉

降適斗藏初九　運轉陽氣向下行，與陰氣結合，並藏於腎宮之下。斗指北斗，主陰，喻腎。九為動之陽爻，代表陽氣。動極必降與陰合而藏下。又有注家解為離卦上九與坎卦初六相交，離火為心，坎水為腎，心腎相交，水火既濟，並藏於下，以助腎陰，成知雄守雌之義，亦為一說。❹知雄守雌　知道什麼是雄壯剛強，卻安守雌下柔弱。按《老子》說，雌下柔弱最富生命力，雄壯剛強則臨近死亡，故知雄守雌則不會衰老。❺知白見黑　知道什麼是潔白，卻以汙濁顯現。與上句義近，為《老子》「知其白，守其黑」之略文。

【語　譯】

經歷六合夜晚隱藏，
兩腎之神主延壽命。
轉陽適陰腎藏陽精，
知雄守雌可不衰老，
知白現黑急坐存守。

肝氣章第三十三

【題　解】本章敘述存思肝氣的作用。肝屬木，位東方，主春，為生氣之本。以肝氣疏通六腑三田，使其通暢。尤須調諧肝與心腎關係。心為肝之子，腎為肝之母，要使三者相生相養，而不相剋相害，則能潤滋固齒，生發津液，由上至下皆得滋養，而英氣勃發。百二十歲猶能返老還童，超過此年齡就需服食九轉神丹，再細加存思，方可救轉。

肝氣鬱勃❶清且長❷，
羅列六府❸生三光❹。
心精意專內不傾❺，
上合三焦❻下玉漿❼。
玄液雲行❽去臭香❾，
治蕩❿髮齒鍊五方⓫。
取津玄膺⓬入明堂⓭，
下溉喉嚨神明通。
坐侍華蓋⓮游貴京⓯，
飄颻⓰三帝⓱席清涼⓲。
五色雲氣⓳紛青蔥⓴，
閉目內眄㉑自相望。
使心諸神還相崇㉒，

七玄英華開命門㉓。
通利天道㉔存玄根㉕，
百二十年猶可還㉖。
過此㉗守道誠獨難，
唯待九轉八瓊丹㉘。
要復精思存七元㉙，
日月之華㉚救老殘㉛，
肝氣周流終無端㉜。

【注釋】❶鬱勃　繁茂而有生氣。❷清且長　清涼又綿長。肝屬木，為春，比喻春天木氣之狀。❸六府　泛指體內五臟六腑。❹三光　日月星辰之光。存想肝氣遍照五臟六腑，如日月星光之朗照也。❺傾　傾敗。❻三焦　食道及相連的部分胃腸。❼下玉漿　降下玉漿。玉漿，口中之津液。言肝氣上行與三焦合，則使口中津液下降，滋養全身。❽玄液雲行　玄液如行雲般周流全身，無所不至。玄液即玉漿。❾去臭香　除去腥臊穢濁氣味。❿治蕩　修治清洗。使牙齒堅固，不搖不落，頭髮清爽不變白。⓫五方　此指五臟。五臟具五行五方五色五味等性質。⓬玄膺　喉中央。⓭明堂　中部之明堂，在喉嚨下方。⓮華蓋　指肺。因肺覆蔭於心肝之上，猶如車蓋，故名。⑮貴京　中丹田，心宮也。⑯飄颻　又作飄搖，上下飄動。比喻肝氣在三丹田上下流動，自在自如之狀。⑰三帝　上中下三丹田之三位道君，亦稱真人，為主宰三丹田之神仙。⑱席清涼　安坐沐浴肝氣之清涼。比喻肝氣如春天的微風，清爽宜人。⑲五色雲氣　肝氣與五臟之氣相雜，而呈五色。如心赤、肺白、脾黃、肝青、腎黑，相雜則具五色也。⑳紛青蔥　心、脾、肺、腎之氣與肝氣紛紜相參雜。青蔥，青綠色，為肝氣之色也。㉑內眄　內視；反觀內照。㉒相崇　相互尊崇。使心神與五臟諸神相互尊敬。㉓七玄英華開命門　七竅生花開放天庭之宮。七玄，七竅。英華，精氣結聚所現光芒。命門，多指右腎或臍，此指兩眉間微上之天庭宮，為元神出入之徑。㉔通利天道　開通天道，舉目可見三清仙境。㉕玄根　身軀。㉖猶可還　尚可返老還童。㉗過此　超過一百二十歲。年高體弱，去死已近，再想修道成仙，實在困難。㉘九轉八瓊丹　用八種藥物經九次循環煉製而成之仙丹。八瓊，又稱八石，為道士煉丹常用之藥物，有丹砂、雄黃、雌黃、空青、硫黃、雲母、戎鹽、消石等。還有其他數說，所用藥物大同小異。道士煉丹，將丹砂燒成水銀，又將水銀煉成丹砂為一轉。丹之功效由燒煉轉數而定，轉數愈多，功效愈大。一般由一轉起，至九轉止。據《抱朴子‧內篇‧金丹》：「一轉之丹，服之三年得仙；二轉之丹，服之二年得仙……九轉之丹，服之三日得仙。」還說：「服神丹令人壽無窮已，與天地相畢，乘雲駕龍，上下太清。」又，據王明先生考證認為：「《黃庭經》屬內丹派學說，最重呼吸胎食，固精練氣，至于金液還丹之道，則屬外丹學說，《黃庭經》中僅有『九轉八瓊丹』一句。」因而綜合比較數家說認為，「八瓊丹」即《內景經‧隱藏章》之「八素瓊」，「係八素之瓊液，為胎食咽津之丹法，瓊為狀詞，比喻美也，非實有其物。」「八素瓊與八瓊丹，即為內丹之津液，則九轉者，不過為內丹漱咽之節次耳，不必以金丹爐鼎釋之也。」（見《黃庭經考》）此說頗有理。㉙七元　七星及七竅之真神。七星指日月五星，又說指北斗七星。㉚日月之華　日月之光華。比喻肝氣，發竅於雙目，左目為日，右目為月。肝氣為木，為春天之生氣，故能救助老殘。㉛老殘　年事很高，體弱身殘。㉜無端　永無止境。言肝氣周流養身續命，如薪火相傳，永無止境。

【語譯】

肝氣蓬勃清涼綿長，
流布臟腑煥發三光。
專心存思內不傾敗，
上合三焦卜降玉漿。
玄液遍行除去穢濁，
潔髮固齒五臟健康。
吞津入喉下達明堂，
潤澤喉嚨神明通達。
坐侍肺下漫遊心宮，
飄搖上下三帝清涼。
五臟之氣與肝氣雜，
閉目內視諸神相望。
心與諸神互相尊敬，
七竅生華開放天庭。
上通天境下存自身，
百二十歲猶可還童。
過此年歲守道為難，

唯有依靠九轉神丹。
更要精思內外七元，
借助肝氣救助老殘，
肝氣周流終始無邊。

肺之章第三十四

【題解】本章敘述存思肺神之功效。肺氣上貫三焦，下通臟腑、百脈，能調理五臟，疏通百脈，可使人容光煥發，齒固髮黑，故應經常存思不捨。

肺之為氣[1]三焦起，
視聽幽冥候童子[2]。
調理五華[3]精髮齒，
三十六咽[4]玉池[5]裡。
開通百脈血液始，

顏色生光金玉澤❻，
齒堅髮黑不知白。
存此真神勿落落❼，
當憶此宮❽有座席，
眾神合會轉相索❾。

【注釋】❶為氣　嗽氣，即吸氣也。認為肺吸氣由三焦起。三焦指喉管下端及部分胃腸，此主要指喉管。❷視聽幽冥候童子　視聽體內幽深暗昧處，要聽候心神指導。幽冥，幽深暗昧。童子，心神赤城童子。❸五華　五臟氣煥發之五色光華。❹三十六咽　咽下口中津液三十六次，以潤澤肺之三十六條管路。❺玉池　又名華池，指口腔。❻金玉澤　顏面濕潤有光澤，如金似玉。以喻肺屬金，色白之象。❼落落　冷落怠慢。❽此宮　肺神之宮。❾轉相索　相互需求。索，需求。體內諸神各有所長，交相為用，相互需求，缺一不可。

【語譯】

肺之吸氣起於三焦，
視聽體內心神指揮。
調五臟氣櫛髮叩齒，
咽下津液三十六次。

開通百脈始自血液，
面色光潤如金似玉，
齒堅髮黑再不變白。
存想肺神不可冷落，
當思肺宮此神座位，
眾神會合相互求助。

隱藏章第三十五

【題　解】本章最長，共三十二句。內容亦多而雜，不易把握。梁丘子注以為「此明脾宮之事」，觀其後半部，當為吞津練氣之法。概而言之，是歸五臟於脾，脾胃合，消化食物，提供營養，使身得滋養，萬神得到回報；又使五臟六腑神明有主，而上合天門，中合明堂，下合腎宮。然後吞津練氣，調和陰陽，使五臟各盡其用，精氣神得到充分烹練而三者合一，則可升入仙界，役使萬神。大義如此。

隱藏羽蓋❶看天舍❷，
朝拜太陽❸樂相呼，

明神八威❹正辟邪。
脾神還歸是胃家❺，
耽養❻靈根❼不復枯。
閉塞命門❽保玉都❾，
萬神❿方胙⓫壽有餘。
是謂脾建在中宮⓬，
五藏六腑神明主。
上命天門⓭入明堂⓮，
守雌存雄頂三光⓯。
外方內圓⓰神在中，
通利血脈五藏豐。
骨青⓱筋赤⓲髓如霜⓳，
脾救七竅去不祥。

日月列布[20]設陰陽，
兩神相會[21]化玉英[22]。
淡然無味天人糧[23]，
子丹[24]進饌肴正黃[25]，
乃日琅膏[26]及玉霜[27]。
太上隱環[28]八素瓊[29]，
溉益八液[30]腎受精[31]，
伏於太陰[32]見我形。
揚風三玄[33]出始青[34]，
恍惚[35]之間至清靈[36]，
坐於飇臺[37]見赤生[38]。
逸域熙真[39]養華榮，
內眄沉默鍊五形[40]。

三氣徘徊㊶得神明，
隱龍㊷遁芝㊸雲琅英㊹，
可以充飢使萬靈㊺，
上蓋玄玄下虎章㊻。

【注　釋】❶羽蓋　用羽毛製作傘蓋。脾處黃庭之中，在臟腑中部，肺肝之下，仰望肺肝如同傘蓋。❷天舍　天然的屋舍。比喻肺肝遮蔽脾上，望之如同天然屋舍。❸太陽　道教神仙名。據梁丘子注引《素靈經》云：「太上神仙有太陽君、少陽君、太虛君、浩素君。」此句意為體內魂魄與眾神會合，朝拜太陽君，並相互歡樂呼喚。❹八威　八種雄壯威武的動物，指龍、麟、虎、豹、獅子、丹蛇、天馬、鹿等。此喻神仙扶正驅邪、斬妖除惡的八種威懾力。❺脾神還歸是胃家　脾胃相鄰，共同完成消化食物，為全身提供營養的重任。故脾神亦以胃為家，掌管胃事。❻耽養　梁本作「躭」，此字《辭源》未收，它本多作「耽」，耽義為耽誤或淫樂等，無供養義。此或贍字因音近而誤。贍養，供養奉養之意。❼靈根　指脾。脾為黃庭之主，人命之根本，故宜專人供養，不使枯竭，方可延年益壽也。❽命門　下丹田，精氣出入之處也。❾玉都　指身體。形體為眾神聚居之所，如都邑也。修飾詞。❿萬神　泛指體內諸神。⓫胙　祭肉，亦泛指對鬼神之酬報、報答。脾以豐厚之營養物酬報諸神，故得諸神之護佑而長壽。⓬中宮　體之中央，又稱中黃庭宮、中丹田宮，脾建宮於此。⓭天門　在兩眉間，即天庭宮。⓮明堂　兩眉間向內一寸處。⓯頂三光　頂現三光。即精氣貫通天門，與日月星光相輝映。又頂作傾，傾來也。三光指胸中三火，心火、肝火、肺火，經脾調諧，使三火息而成混元一體。⓰外方內圓　描述頭部明堂宮之狀。⓱骨青　骨五行屬木，位東方，有青龍之象，故名。⓲筋赤　筋五行屬火，其色赤。⓳髓如霜髓五行屬金，色白，以霜喻之。⑳日月列布　日月排列，以定其序。日月之象代表陰陽，推而廣之，則男女、上下、剛柔、君臣等，皆不出其例。㉑兩神相會　男女、陰陽二氣相結合。㉒玉英　口中津液，又稱金醴。此處梁丘子注云：「男女陰陽自然之津液。」㉓天人糧　上天賜人養生延命之食糧。㉔子丹　神仙名。㉕正黃　食品顏色為正黃色。因其為脾胃所供，脾屬土，其色黃。㉖琅膏　潔白如玉的津液。㉗玉霜　津液精氣之色雪白溫潤，如玉似霜。㉘太上隱環　心宮與喉嚨。太上，太上道君簡稱，心宮之神，代表心。隱環，又稱重樓十二環，即喉嚨。㉙八素瓊　八方精氣聚合而成的津液。色白如玉，故稱素瓊。素，白。瓊，玉名。㉚八液　八種津液。即指上句之「八素瓊」也。㉛腎受精　腎接受八種津液，化為清純潔白之玉精。㉜太陰　下丹田之洞房宮，在腎下方。㉝三玄　陰陽二氣與和氣為三。由三而生萬物，其中蘊含微妙莫測的變化，故稱三玄。㉞出始青　萬物初生為青色。《太平經》言「積清成青」。亦是一種比喻，以植物春生青色，以喻萬物也。㉟恍惚　內練入靜，真陽發動時出現的直覺映象。《老子》在描述道之模糊狀態時，常用恍惚、窈冥等詞，形容道體似有非有，似無非無，若有若無，不可分辨之象。《黃庭經》用以描述練功者的一種直覺體驗。㊱清靈　明慧靈通。㊲飈臺　神仙集合遊覽之臺，又名閬風臺。飈，暴風。飈臺當是風會聚處，比喻陰陽二氣與和氣交匯處。㊳赤生　神仙名，又名赤子真人。㊴逸域熙真　體外之廣大真元之氣。㊵鍊五形　修煉五形心法。㊶三氣徘徊　三丹田之氣上下貫通，回復往返。㊷隱龍　指肝氣。肝屬木，位東方，為青龍，隱於體內，故稱隱龍。㊸遁芝　五臟九竅八脈為內芝，稱遁芝。㊹云琅英　脾氣化生之津液。㊺使萬靈　役使眾神。㊻上蓋玄玄下虎章　上有玄羽傘蓋，下佩神虎玉章。

【語譯】

隱肝肺下仰望屋舍，
朝拜太陽相互歡呼，

神顯八威扶正驅邪。
脾神終歸以胃為家，
精心奉養不令枯竭。
關閉命門護好身軀，
萬神得報可獲長壽。
脾主土德建在中宮，
五臟六腑以為宗主。
上合天門再入明堂，
守雌存雄頂現三光。
神處明堂內圓外方，
血脈通暢五臟充盈。
骨青筋赤髓白如霜，
脾救七竅去除不祥。
日月定位排布陰陽，
陰陽結合化生玉英。
淡而無味天賜之糧，
子丹獻食其色正黃，
化為琅膏還有玉霜。

心上喉管內有瓊漿，
潤澤八液胃受化精，
伏於腎下可見其形。
三氣相化始出色青，
恍惚之間化為清靈，
聚於飆臺可見赤生。
吸納外氣頤養榮華，
沉然內神練化五形。
三氣回旋神智清明，
隱龍遁芝合化生津，
可以充飢兼役萬神，
上蓋玄羽下佩虎章。

沐浴章第三十六

【題解】本章綜述修煉《黃庭經》要遵守之戒律。先要沐浴齋戒，在斗室東向，誦讀萬遍。要保持恬淡無欲心態，除五味邪魔，心平氣靜，排除干擾。要十讀四拜，深謝太上之恩。如有求受者，不可輕傳。如此則可登上仙。

沐浴盛潔❶棄肥薰❷，
入室東向❸誦《玉篇》❹，
約得萬遍義自鮮❺。
散髮❻無欲以長存，
五味皆至正氣還❼，
夷心❽寂悶❾勿煩冤。
過數已畢❿體神精，
黃華玉女⓫告子情，
真人⓬既至使六丁⓭。
即受隱芝⓮《大洞經》⓯，
十讀四拜⓰朝太上，
先謁大帝⓱後北向⓲。
《黃庭內經》《玉書》暢，

授者曰師受者盟⑲。
雲錦鳳羅金鈕纏⑳，
以代割髮㉑肌膚全。
攜手登山歃液丹㉒，
《金書》《玉景》㉓乃可宣。
傳得可授告三官㉔，
勿令七祖㉕受冥患㉖。
太上微言㉗致神仙，
不死之道此真文。

【注釋】❶盛潔　衣冠整潔乾淨。❷肥薰　肥指魚肉和六畜之肉，薰指氣味葷辛有刺激性的蔬菜，多指五辛，即生蔥、韭、大蒜、小蒜（薤）、胡荽（今名香菜）。據《上清靈寶大法》卷八言，修道者食五辛後誦讀經文，會「觸犯神靈，忤穢真氣，獲毒蛇穿心惡報」。❸東向　面朝向東。因此經為扶桑大帝所傳，大帝在東方，故東向誦讀，與其相感。❹玉篇　《東華玉篇》簡稱，《黃庭經》之別名。❺鮮　明瞭。❻散髮　披髮不束，喻任性無為、怡然自得之態。❼五味皆至正氣還　五味齊來誘惑干擾，心之正氣依然如故，不被擾亂。五味比喻邪魔對練功者之誘惑。❽夷心　平靜之心。❾寂悶　寂然清靜。❿過數已畢　每日誦讀遍數已完畢。⓫黃華玉女　主黃庭宮之女神，或指丹田陰神。⓬真人　對修道者之尊稱。⓭六丁　丁卯、丁巳、丁未、丁酉、丁亥、丁丑六位女神。天帝可令祂們「行風雷，制鬼神」，得道者亦可齋戒後，通過符籙召請役使她們。⓮隱芝　隱居之修道者，喻為隱於仙女之靈芝。⓯大洞經　通稱《大洞真經》，為道教上清派基本經典，內述存思五方之氣、日、月、二十四星之法。以及人體百脈關竅，皆有神主，反觀內視修法等，在《黃庭經》中得到全面發展。⓰十讀四拜　據《誦黃庭經訣》，誦讀此經應於靜室焚香沐浴，冠法服，祝禱後，「東向誦經十遍為一過，便還北向四拜，東向四揖」。⓱大帝　扶桑大帝，《黃庭經》之傳播者。⓲北向　向北方禮拜北斗七星。⓳受者盟　接受《黃庭經》，按照修煉者，必須齋戒盟誓，鄭重承諾不泄漏天機。本書務成子〈敘〉言：「受者齋九日，或十日，或三日，然後受之。授者為師，受者奉焉。結盟立誓，期以勿泄。」⓴雲錦鳳羅金鈕纏　皆為盟誓所用之物。務成子〈敘〉：「古者盟用玄雲之錦九十尺，金簡鳳文之羅四十尺，金鈕九雙，以代割髮歃血勿泄之約……今錦可用白絹，羅可用青布，鈕可用金環，亦足以誓信九天，制誥三官矣。」受盟者將三物交給授經之師，用以替代古時歃血、割髮的盟誓方式。㉑割髮　割下一些頭髮，以髮代首，對天盟誓。但身體髮膚，受之父母，割髮有違孝道，故以物代替。㉒歃液丹　微飲紅色津液以示重盟誓。歃，飲；微吸。液丹，紅色液體，用以代替牲血或雞血。㉓金書玉景　《黃庭經》又名《大帝金書》、《東華玉篇》、《黃庭內景玉經》，名雖不同，所指皆一也。㉔三官　道教三位尊神，即上元一品天官賜福大帝、中元二品地官赦罪大帝、下元三品水官解厄大帝。三官源自原始宗教對天、地、水的自然崇拜。東漢早期道教奉天地水三官為主宰人間禍福的三位大帝，地位很高。後又演變為玉皇大帝冊封主管天神、地神、水神的三位大神。天官生於農曆正月十五，地官生於七月十五，水官生於十月十五，稱三元日。民間於三元日到廟中懺悔罪過，祈福免災，漸為習俗。㉕七祖　父、祖、曾祖、高祖、分支之祖、開林之祖、立姓之祖。此或指修道傳承之七代祖師。㉖冥患　在陰間遭受苦難。㉗微言　精微之言。此指太上道君之至上教旨。

【語譯】

沐浴潔衣忌食肉葷，
入室面東誦讀《玉篇》，
約讀萬遍其義自明。
披髮無欲長久存思，
五味誘惑正氣悠閒，
心平氣靜不煩不怨。
誦讀已畢體健神明，
黃華女神對我開言，
真人已至請役六丁。
即授隱者《大洞真經》，
十讀四拜朝見太上，
先謁大帝後拜北斗。
《黃庭玉經》本義通暢，
傳者為師受者盟誓。
進獻雲錦鳳羅金鈕，
以代割髮肌膚保全。
攜手登山微飲液丹，

《黃庭真經》方可誦宣。
傳得其人上告三官，
勿令七祖冥間受難，
太上教旨可致神仙，
不死之道出此經文。

【研析】

《黃庭內景經》第三部分包括第二十四章至第三十六章，共十三章，為前兩部分之綜合。第一部分主要敘述人體器官功能和諸神名稱。第二部分總體敘述存思上中下三丹田諸神的系統方法。第三部分則是兩者結合，分述具體的修煉五行，辟穀食氣，採外氣，修精氣神合一，以及存思心肺肝腎脾神方法等，更富實踐性。

黃庭外景經

上部經

【題解】《外景經》共分三部分，亦為七言詩體。上部六十五行，中部六十四行，下部六十九行，共一百九十八行，比《內景經》稍短。《正統道藏》收有《黃庭外景經》白文一卷，梁丘子《黃庭外景經注》三卷，務成子著《太上黃庭外景經》一卷三種。此外還有收於他書者多種。其中有分三部二十四章的，有三部不分章的，具體分章起止句亦有不同。本注仍循《內景經》體例，三部下分章，分章原則是依據經文內容，並參照前人分法，不破每部八章之例。因《外景經》與《內景經》大同小異，所用概念、術語亦多相同，且詩句更趨向通俗化，故注釋亦相對簡略。

上部敘述老子作經宗旨是「解說身形及諸神」，教人修仙長生之道，接著介紹存思眼、口、鼻、腦、喉、心、肺、脾、腎諸神，及精氣與津液周流全身，固精保身等。是把形神作用與修煉方法綜合論之，近似於《內景經》第三部內容。

一章

老君❶閑居作七言，
解說身形及諸神❷。
上有黃庭❸下關元❹，
後有幽闕❺前命門❻。
呼吸廬間❼入丹田❽，
玉池❾清水❿灌靈根⓫，
審⓬能修之可長存。
黃庭中人⓭衣朱衣，
關元茂籥⓮闔兩扉⓯，
幽闕俠之⓰高巍巍⓱，

丹田之中精氣微⓲。

【注釋】❶老君　太上老君。此言《外景經》為老子作，與彼言《內景經》為玉晨君作一樣，都是一種偽託，以神其說也。❷解說身形及諸神　解說全身各部功能及所住之神。《內景經》是以腦部、五臟六腑為主，兼及經脈、關竅，皆有神駐守，並詳細描述了神之名字、服飾、狀貌等，《外景經》則一語帶過，可見二者各有不同旨趣和側重。❸黃庭　目也。耳目皆有神，左名陵陽字英明，右名太陰字玄光。❹關元　肚臍。見《內景經‧上有》注❷。❺幽闕　亦名密戶，指腎，為藏精之所。為腹腔下方，肚臍後部。❻命門　亦稱生門，在臍下。❼廬間　指鼻腔。❽丹田　此指下丹田，位於臍下三寸。《太上老君中經》卷上：「丹田者，人之根也，精神之所藏也，五氣之元也，赤子之府。男子以藏精，女子以藏月水，主生子合和陰陽之門戶也。」道教內煉以意守丹田為最有效驗。❾玉池　口腔。❿清水　口腔中津液。⓫靈根　舌。⓬審　確實。⓭黃庭中人　目中小童，左右互為夫妻，穿紅衣，常在體內游動，與各器官之神宴遊，多數時間處丹田中。⓮茂籥　又作牡與，開鎖之鑰匙。此指打開關元之鑰匙，要謹慎掌握，不可輕易開啟，以免元精泄漏。⓯兩扉　兩眼。⓰俠之　挾帶精氣。挾帶腎宮精氣升入頭部兩身。腎發竅於兩身，與兩身遙相呼應。⓱高巍巍　又作高崔巍，形容高峻之狀。此指兩身，在頭上兩側，全身上端，故言。⓲精氣微　精氣變化莫測，微妙難識。

【語譯】

老子閒居撰作《黃庭》，
解說形體所主眾神。
上自兩眼下至肚臍，

後至腎宮前至臍下。
鼻腔呼吸沉入丹田，
口中津液滋養靈根，
誠能修此可得長生。
目中兩神身著紅衣，
閉好關元合上兩眼，
腎中精氣上升耳端，
丹田之內景氣微妙。

二章

玉池清水上生肥❶，
靈根堅固老不衰❷。
中池❸有士服赤朱，
橫下三寸神所居❹。
中外相距❺重閉之❻，

神廬❼之中當修治❽。
玄膺❾氣管受精府❿，
急固子精⓫以自持⓬。

【注釋】❶肥　津液聚集，豐厚充盈。❷靈根堅固老不衰　舌之功能強健，雖年老而體不衰。因為舌能御四方，調和五味，去臭取香，啄齒咽氣，化為飲漿，以滋養全身也。❸中池　《內景經・中池》指膽。據務成子注，此處似指喉中。❹橫下三寸神所居　兩眉間稍下三寸方圓之內，為眾神聚居之所。如兩眉間卻入一寸為明堂宮，有明鏡神居住。卻入二寸為洞房宮，有黃老君居住，卻入三寸為丹田宮，有上元赤子、帝卿君居住等。❺中外相距　體內真氣與外部邪氣相對抗。距做「拒」解，對抗、拒斥之意。❻重閉之　重重關閉出入關竅，使邪氣不能入侵。❼神廬　指鼻腔。❽修治　翦除鼻中毛，使神仙往來，以為居所。❾玄膺　喉中央。❿受精府　元氣下行啟動之處。因其處聚合元氣，精即元氣也，故曰受精府。⓫固子精　固守你的精氣，勿使泄漏。⓬自持　自行持守。

【語譯】

口中津液豐厚充盈，
舌本強健年老不衰。
喉中之神穿赤色衣，
眉間三寸眾神所居。

內外氣拒重閉關竅，
鼻腔之中亦當修治。
喉中氣管受氣下行，
固守精氣自行把持。

三章

宅❶中有士❷常衣絳❸，
子能見之❹可不病。
橫理❺長尺約其上❻，
子能守之可無恙❼。
呼吸廬間以自償❽，
子保完堅身受慶❾。

【注釋】❶宅　指身軀。身為心之宅。❷士　指心神。❸衣絳　心屬火，色赤，故「衣絳」。❹見之　指存思心神，反觀內視，見其狀貌。❺橫理　脾臟，長一尺。❻約其上　大約在胃上方。❼恙　疾病、災禍。❽自

償 自我補償。即關閉口耳眼三關，屈指握固，呼吸元氣，會聚頭中，降於口中，含而咽之，可以不飢不渴。

❾慶 福。

【語譯】

體中心神常穿紅衣，
你能見到可不生病。
脾長一尺約在胃上，
你能存受可無災病。
呼吸元氣自我補償，
能保體健身受福佑。

四章

方寸❶之中謹蓋藏，
精神還歸❷老復壯。
心結幽闕❸流下竟❹，
養子玉樹❺令可杖❻。

至道❼不煩無旁午❽，
靈臺❾通天❿臨中野⓫。
方寸之中間關下⓬，
玉房⓭之中神門戶⓮，
既是公子⓯教我者。

【注　釋】❶方寸　指下丹田。方圓一寸，在臍下三寸向內處，為男子藏精，女子藏胎之處。❷精神還歸　形神合一，魂魄相守，保持守真抱一狀態。道教認為，精與氣結成形體，為神之宅。形之有生命，以其有神也。神之有託也，以其有氣也。人老精竭氣耗，則神離形死。能保持形神合一，則老當益壯。❸心結幽闕　心氣通達，與兩腎連結。❹流下竟　使津液流入下境。竟作境解。下境，泛指身體下部器官，以腎為主。❺玉樹　傳說中的仙樹。又形容姿容秀美、體態婀娜的女子為玉樹臨風。此喻身體強健。❻可杖　可以依靠。❼至道　至高無上的大道。❽旁午　交錯紛繁。至道中正而行，不涉邪徑。❾靈臺　心。參見《內景經・靈臺》注❶。《性命圭旨》：「人自受生感氣之初，稟天地一點元陽，化生此竅，以藏元神。其中空空洞洞，至虛至明，乃吾人生主宰。真所謂有之則生，無之則死，生死盛衰，皆由這個，儒曰靈臺，道曰靈關，釋曰靈山。」❿天　指頭部。⓫中野　指腸道。⓬間關下　輾轉向下運行。⓭玉房　上丹田之洞房宮，又稱紫房、絳宮、明堂，構謂甚不劃一。⓮神門戶　眾神聚居出入之處。⓯公子　玉房宮之神，左為無英君，右為白元君。

【語　譯】

丹田精氣謹加閉藏，
形神合一老而復壯。
心連兩腎津液下達，
養身健壯可作依靠。
大道簡約而不煩雜，
心通腦際下達腸道。
氣動天庭輾轉而下，
明堂之中諸神門戶，
皆是諸神教導我者。

五　章

明堂四達❶法海源❷，
真人子丹❸當吾前。
三關❹之中精氣深❺，
子欲不死修崑崙❻。

絳宮❼重樓十二環❽，
瓊室❾之中五色集❿。
赤神之子⓫中池立，
下有長城⓬玄谷⓭邑。

【注釋】❶明堂四達　真元之氣匯集於明堂宮，再流向三丹田、五臟六腑、九孔百脈，貫通周圍上下四方。❷法海源　效法大海以江河為源頭。❸真人子丹　明堂宮之神。據務成子注，此神長一寸，在兩眉端，俛仰可見。❹三關　口為天關，足為地關，手為人關。❺精氣深　精氣神藏，微妙難知。❻修崑崙　存思頭部諸神。崑崙本為高山名，此喻頭部。頭部為百神所聚，修道者應著意存思於此。❼絳宮　心宮。❽重樓十二環　指喉嚨十二節。❾瓊室　心宮。❿五色集　五彩霧氣聚集。比喻五行、五臟之精氣匯合於心宮，所呈現之色彩。⓫赤神之子　喉中之神。⓬長城　比喻腑腔下部彎彎曲曲十分綿長的小腸和大腸。⓭玄谷　黑暗幽深的山谷。比喻腎所處於腑中的位置。

【語譯】

明堂四達如海與源，
真人子丹即在吾前。
固守三關精氣神藏，
你想長生存想腦神。

心宮上連喉管重重，
心宮之中五氣聚集。
喉中之神立於中池，
下連腸道集於腎宮。

六 章

長生要慎房中急❶，
棄捐❷淫俗❸專子精❹。
寸田尺宅❺可治生，
雞子❻長留心安寧。
推志游神❼三奇靈❽，
行間無事❾心太平。

【注釋】❶房中急　男女房事急切過度。參見《內景經・瓊室》注❽。❷棄捐　常作捐棄，拋棄之意。❸淫俗　放縱淫慾之習俗。❹專子精　專一固守你的元精不外泄。❺寸田尺宅　上中下三丹田和面部。❻雞子　雞蛋。道教內丹家借以喻內丹初形，亦名「聖胎」。《周易參同契》：「類如雞子，黑白相扶。縱廣一寸，以為始初。」清董德寧注：「雞子，喻天地之體象。即渾天說所謂天形如卵，地居其中，猶殼之裹黃是也。然丹胎之法象，其亦如是。」如能專心持守，不加分離，長久保持這種混沌狀態，則可內心安寧。❼推志游神　任性而為，逍遙自在。❽三奇靈　三宮之神靈。參見《內景經・瓊室》注⑳。此句意謂任性逍遙，與三宮神仙偕遊。❾行閒無事　平日裡無有煩惱事。因其恬淡無慾，以道自娛，與世無爭，故心平氣靜無煩憂。

【語譯】

長生切忌房事過度，
拋棄淫俗固守元精。
三田面部可修長生，
大道長留保心安寧。
任性逍遙與三神遊，
日無煩事身心太平。

七章

常存玉房神明達❶，
時思太倉❷不飢渴。

役使六丁玉女❸謁，
閉子精門❹可長活。
正室❺堂前神所舍，
洗心❻自治❼無敗汙。
歷觀❽五藏視節度❾，
六府修治❿潔如素⓫，
虛無自然道之固。

【注釋】❶神明達　神智通達。經常存思腦部諸神，能知內外無窮之事。❷太倉　胃之別名。胃主受納飲食，又稱水穀之海、倉廩。胃將初步消化的飲食送入小腸，故胃氣以下降為順，如果胃氣不降，就會妨礙其功能，而導致疾病。胃與脾相連，功能相近。故《黃庭經》認為存思脾胃之神可以止飢。❸六丁玉女　六位女神名。詳見《內景經・常念》注❼。❹閉子精門　關閉你的精門。男女交合，閉精不泄，回精補腦，可保長生。亦道士修長生之一術。❺正室　指明堂、洞房諸宮，眾神聚居之所。❻洗心　洗滌心靈，清除一切邪惡慾念，保持心之空虛寧靜。❼自治　自我調控，遵道而行，不為情欲、利欲引誘而誤入歧途。❽歷觀　依次觀察；遍觀。❾節度　節制調度。五臟運轉要依序進行，服從統一的節制調度。❿六府修治　要對六腑進行存思修煉。達到的標準是心不妄念，口不妄言，目不妄視，手不妄取，足不妄行。如此則道成德就，心神空靜，復歸自然。⓫潔

如素　純潔如本然狀態。素有空、白、本始等義，此指未受任何染汙的本然狀態。

【語譯】

常思腦神神智通達，
勤思胃神則不飢渴。
可使女神前來謁見，
閉好精門可保長生。
明堂洞房諸神所居，
洗心自控則無敗汙。
遍觀五臟視其節度，
六腑修治純潔如素，
虛無自然大道永固。

八章

物有自然❶道不煩，
垂拱❷無為身體安。

虛無之居在幃間❸，
寂寞廓然❹口不言。
修和❺獨立真人宮❻，
恬淡無欲游德園❼。
清淨香潔玉女前❽，
修德明達神之門❾。

【注釋】❶物有自然　萬物有自然本性，各按其自性運行。如雲行雨施，鳶飛魚躍，任性而為。❷垂拱　垂衣拱手。即穿著長大衣服，拱手站立。多用以指聖王無為而治的德政。此則說明修道者不可著意外求，重在保持自身虛靜心態，則內各部自行協調，身體自然安泰。❸幃間　幃幕之中。比喻與外物分隔，不受干擾，以保持虛靜狀態。❹廓然　空曠遼闊。❺修和　協調陰陽五行之氣，使其和合。❻真人宮　太和之宮，在明堂內。其真人為宮內之神，狀若小童，衣朱衣，顏色璀璨。❼德園　得道者遊樂之所；仙境。如《莊子・逍遙遊》所說藐姑射之山相似。❽玉女前　六丁神女前來侍奉。❾神之門　通往神仙世界的門徑。

【語譯】

物本自然大道不煩，
垂拱無為身體自安。

虛無居所在幃幕間，
寂寞空曠閉口不言。
修和獨立太和之宮，
恬淡無欲漫遊德園。
清淨香潔玉女來前，
修德明達升仙之門。

中部經

【題解】這一部分由九章至十六章，共八章。內容主要是敘述虛靜守一，任體內陰陽二氣與五行之氣按天地之道在周身上下運行，相互交合結丹，並專心養護，可長生。十四、十五、十六三章則著重闡述存思脾、心、肝、腎的重要作用。與《內景經》之〈百穀〉、〈心典〉、〈肝氣〉、〈仙人〉章內容相近。這部分內容特別值得注意的有兩點，一是守一之法。此法在《太平經》、《抱朴子・內篇》、《內景經》中皆有論及，此處則講得更加明確，更具實踐性。如九章「五行參差同根蔕，三五合氣其本一」，「子能守一萬事畢，子自有之持無失」，還把守一與存神結合起來。再一點是通過吐納行氣，達到辟穀食氣之法。此法《內景經》已提到，本部分則提到「象龜引氣致靈根」、「人盡食穀與五味，獨食太和陰陽氣」。讓人效仿大龜引氣丹田，以充實內氣等。這些都對後世內丹法有重要影響。

九章

作道❶優游深獨居❷，

撫養性命❸守虛無。

恬淡自樂何思慮，

羽翼已具❹正扶骨❺，

長生久視乃飛去。

五行參差❻同根蒂❼，

三五合氣❽其本一。

誰與共之斗日月❾，

抱玉懷珠❿和子室⓫。

子能守一⓬萬事畢，

子自有之⓭持無失，

即欲不死入金室⓮。

【注釋】❶作道　為道；按道去作為、去奉行。❷深獨居　隱身藏形，獨居深山野谷，與世隔絕。以及避世出家，入山潛修。❸性命　生命。性為天生之質，命為後天稟受，合為生命實體。道教多以性為神，即意念活動；命為氣，即元氣。性無命不立，命無性不存。故應性命雙修，從寡欲、寡言、寡思、存守虛無作起。❹羽翼已具　鳥的翅膀羽毛已經長成。比喻修道者功德完滿，具備飛升成仙的條件。❺扶骨　大道修成，骨肉已輕，可扶風而行。❻五行參差　金木水火土，五者性質、顏色各異，參差不一，交互作用。❼同根蒂　同一根源。根蒂猶根柢，草木之根。五行本陰陽，陰陽本太極，其源同一。❽三五合氣　神氣意三氣合一。按《周易參同契》說，子為水位，午為火位，水數一，火數二，子午合為三。子水為腎，代表腎間動氣，午火為心，代表元神。戊己與土相配，其數為五，為脾，主意。故三五合氣即氣神意相合一。❾斗日月　北斗和日月。其與水火木金土星結合，亦稱三五，則是天之三五與體中三五相應合也。❿抱玉懷珠　護持結氣而成之丹胎。玉、珠皆喻丹胎之狀。抱、懷為精心呵護保衛之意。⓫子室　下丹田。腎氣發動，與心火相交，而得水火既濟，又與土合，而結成丹，復返下丹田。⓬守一　道教修煉方法之一，指持守精氣神，使與形體合一，長駐體內，不被外界牽引而離散。一與道相通，守一即守道，守空無之本體。《黃庭經》把守一與存守體內諸神結合，故作到守一便解決成仙的一切問題。⓭子自有之　你自身就有一，不需外求。之，代表一。⓮金室　頭部明堂、洞房諸宮。

【語　譯】

為道優遊隱形深山，
撫養性命存守虛無。
恬淡自樂何思何慮，
翅膀長成正當乘風，
長生成仙就要飛去。
五行參差根源相同，

三五合氣歸本於一。
誰與相應北斗日月，
護養丹胎安處丹田。
你能守一萬事皆成，
一在身內持守無失，
欲求長生請入金室。

十章

出日入月❶是吾道，
天七地三❷回相守❸，
升降進退合乃久❹。
玉石❺落落❻是吾寶，
子自有之何不守。

【注釋】❶出日入月　太陽出來，月亮落下；月亮出來，太陽落下。一陰一陽，反覆交替，周而復始，永無休止。這就是我們所說的道。❷天七地三　天有日月和水火土金木五星，合而為氣，地有水火土為三精。❸回相守　回還往復，相互作用並專一持守。❹合乃久　陰陽相合，乃能持久。此句意為地氣上升，天氣下降，陰陽二氣交合於絳宮，並遵道而行，宜進則進，宜退則退，正氣從容，乃可長久。❺玉石　比喻煉氣結丹，晶瑩如玉石。❻落落　同「珞珞」。眾多。

【語　譯】

日月交替便見吾道，
天地之氣回還持守，
升降進退合一乃久。
結丹眾多皆是吾寶，
你自有一何不持守。

十一章

心曉根基❶養華彩❷，
服天順地合藏精❸。
七日之午回相合❹，

崑崙❺之上不迷誤❻。
九原❼之山何亭亭❽，
中有真人❾可使令。
蔽以紫宮❿丹城樓⓫，
俠以日月如明珠⓬，
萬歲昭昭⓭非有期。

【注釋】❶心曉根基　即是心知守一，使形神相合，魂魄抱一，不被外物牽離。根基，生命之根本。指道、一，也就是虛無靜寂之本體。❷華彩　顏色華麗秀美。比喻得道者面貌嬌美，青春煥發。❸服天順地合藏精　修道者遵循天地之道而為。以頭為天，以足為地，上服天氣，灌溉全身，合精於丹田，藏於腦。❹七日之午回相合　第七日中午，精氣在體內運轉一周，回到原位會合。古人以七日為一小週期，此合天地萬物運動之節律，人體亦如此。❺崑崙　頭也。❻不迷誤　不迷失方向犯錯誤。因頭上與天通，故不迷誤。❼九原　山名，在山西絳縣北。此泛指高山，比喻心在人體的至高地位。❽亭亭　高高聳立的樣子。❾真人　心神，名太一，狀如童子，可不出戶房而知四方。❿蔽以紫宮　為紫雲籠罩之宮。紫雲為水火既濟，氤氳和暢所化之雲氣。紫宮即絳宮。⓫丹城樓　金色樓宇，黃色城郭。比喻心宮色相。⓬俠以日月如明珠　形容絳宮之華麗，左日右月，夾於兩側，如同明珠煥彩，中央五色混沌。⓭萬歲昭昭　萬年清明，不變，亦永獲長生之意。昭昭，明亮，明白。

【語譯】

心知守一養顏秀美，
遵循大道合精而藏。
七日午時循環會合，
頭與天通永不迷誤。
心如高山亭亭而立，
中有真人發布號召。
紫雲籠罩赤色城樓，
左日右月明珠煥彩，
清明萬年永無窮期。

十二章

外本三陽❶物自來❷，
內拘三神❸可長生。
魂欲上天魄入淵❹，

還魂返魄道自然❺。
庶幾❻結珠❼固靈根❽，
玉笢金籥❾身完堅。

【注釋】❶三陽　日月星之精氣。❷自來　日月星之精自來與體內之氣相通。❸內拘三神　身內要拘捕三尸神。三神，又稱三尸、三蟲，指寄居體內為害的三種惡毒之物。《太清玉冊》卷八：「上尸彭倨名青姑，伐人目，居人頭，令人多欲，好車馬。中尸彭質名白姑，伐人五臟，居人腑，令人好食，輕恚怒。下尸彭矯名血姑，伐人胃命，居人足，令人好色喜殺。」宋葉夢得《避暑錄話》卷下：「道家有言三尸，或謂之三彭，以為人身中皆有是蟲，能記人過錯，至庚申日，乘人睡去，而讒之上帝。故學道者至庚申日則不睡，謂之守庚申。或服藥以殺三蟲。」修道者多重視滅除三蟲。《太清中黃真經》：「常守淡泊，三尸自滅。」與本經合。❹魂欲上天魄入淵　神魂屬陽，喜動，欲上升；形魄屬陰，喜靜，欲沉下。如此則易造成形神、魂魄分離而死亡，故須修煉而還魂返魄，形神合一，永不分離。❺自然　本來狀態。即形神相守，魂魄抱一狀態。❻庶幾　差不多；幾乎。❼結珠　連珠。比喻津液連續如珠，不斷吞咽。❽靈根　指腎。❾玉笢金籥　金玉製作堅固無比的鑰匙。用以把守體內關竅，不令有失。

【語譯】

外有三陽精氣自來，
內拘三尸可得長生。

魂欲上飛魄欲下沉，
還魂返魄歸於自然。
津液連珠澆灌靈根，
金鎖玉籥保身完堅。

十三章

戴地懸天周乾坤❶，
象以四時赤如丹❷。
前仰後卑❸列其門❹，
選❺以還丹❻與玄泉❼，
象龜引氣❽致靈根。

【注釋】❶戴地懸天周乾坤　人生天地間，隨天地周而復始運轉。戴應作載，附載地上。懸天，人生活在地上，亦即在天中，地亦懸於天中。周，周流運轉不息。❷赤如丹　赤珠如丹。比喻煉氣結丹之狀。❸前仰後卑　前高後低。前為午火心宮，後為子水腎宮。❹列其門　論列心腎間精氣運化軌道和門戶。❺選　取也。❻還丹內煉術語，指內丹煉到一定階段，又返回原地的過程。引起修煉火候不同，有大還丹、小還丹、七返還丹、九返還丹、金液還丹等。❼玄泉　口中津液，又名玉漿、玉液、玉泉等。❽龜引氣　龜之呼吸方法，又稱龜息。道教認為，人能呼吸調息如龜，不飲不食，可得長生。務成子注：「龜以鼻取氣極，停，微息，閉口咽之，致靈根。」效法龜息，引氣至丹田，以保存元氣。為《黃庭經》吸納行氣之常法。

【語譯】

載地懸天周流運轉，
赤珠如丹四時更化。
前高後低列好門戶，
取用還丹潤以玄泉，
如龜引氣送入丹田。

十四章

中有真人巾金巾❶，
負甲持符開七門❷。
此非枝葉實是根❸，

晝夜思之可長存。
仙人道士非異有❹，
積精所致和專仁❺。
人盡食穀與五味，
獨食太和❻陰陽氣，
故能不死天相溉❼。

【注釋】❶中有真人巾金巾　黃庭宮中有神人戴金色頭巾。中指臟腑中央之黃庭宮，為心神所居，真人即指心神。肺五行屬金，在心上，如心神之頭巾，故稱「巾金巾」。❷員甲持符開七門　見《內景經・仙人》注❽❾❿。❸根　根本。指以下所說存思精氣運行、辟穀食氣等項。❹非異有　非是另有神奇異能。❺專仁　專心於修養仁德。❻太和　元始祖氣。指陰陽未分，混沌氤氳之氣。❼天相溉　上天對人的滋養澆灌。太和之氣本自天成，修道者辟穀食氣，是接受上天的滋養。

【語譯】

黃庭有神頭戴金巾，
負甲持符開通七竅。
此非枝葉實為根本，

晝夜存思可得長生。
仙人道士非有異能，
積精致和專修仁德。
人食百穀兼好五味，
吾食太和陰陽之氣，
故能長生受天滋養。

十五章

誠說五藏各有方❶，
心為國主❷五藏王。
受意動靜❸氣得行，
道自將我❹神明❺光。
晝日昭昭夜自守，
渴可得漿饑自飽❻。

經歷六府藏卯酉❼，
通我精華調陰陽。
轉陽之陰藏於九❽，
常能行之❾可不老。

【注釋】❶各有方　各有其類，各司其責。如五臟配五行、五方，各司其職等。❷國主　君主。比喻心為五臟和全身之主宰，如君主統治全國。❸受意動靜　受心神支配而動靜。不背道妄行，亦不歸於死寂。❹將我　扶助我。❺神明　精神清明，神志通達聰慧。儒道說法各有側重。唐張萬福《傳授三洞經戒法錄略說》言：「明由神照，神托心存，心有形有，形以道全，一物不足，明何依焉！所以謂之神明者，眼見耳聞，意知身覺，分別物理，微細悉知，由神以明，故曰神明。」❻渴可得漿飢自飽　渴可得飲，飢能自飽。存思心神，運轉內氣，可使津液充盈，吞咽之，則能止渴充飢。❼藏卯酉　藏丹於目中。據務成子注言，兩腎二氣交錯，周歷六腑，「上會目中，左卯右酉」。❽轉陽之陰藏於九　運轉陽氣下行與陰氣相合，藏於腎宮之下。《周易》九為老陽爻，為陽動之極，動極轉靜，故至腎陰下伏藏之。參《內景經・經歷》注❸。❾之　指代知雄守雌之道，亦指守一，守虛無之道。

【語譯】

誠然五臟各有分類，
心為君主五臟之王。

心主動靜氣得運行，
道來扶助神明廣大。
白日昭明夜自守藏，
渴可得飲飢能自飽。
氣歷六腑藏於二目，
貫通精華調諧陰陽。
轉陽之陰藏於腎下，
常能守一可不衰老。

十六章

肝之為氣修而長❶，
羅列五藏主三光❷。
上合三焦下玉漿❸，
我神魂魄在中央❹。
精液流泉❺去臭香❻，

立於玄膺舍明堂❼。

雷電霹靂❽往相聞，

右酉左卯❾是吾室❿。

【注釋】❶修而長　修長。形容肝氣充滿生機，悠遠綿長。❷主三光　主與日月星辰之光相映照。❸玉漿　口中津液。❹中央　中黃庭宮，心神所居。心主宰全身，故人之神明，魂魄皆在於此。❺精液流泉　津液流動如泉水，源源不絕。❻去臭香　蕩滌口齒，除去臭味。❼立於玄膺舍明堂　此句言煉氣結丹，在喉中稍作停留，又下行舍於喉下之明堂。玄膺，喉中央。明堂，在喉嚨下方。❽雷電霹靂　比喻用武火（猛火、急火）對丹胎進行烹煉。❾右酉左卯　心之右為肺，屬酉金，左為肝，屬卯木，心居中，故言「右酉左卯」。❿吾室　絳宮；心宮。

【語譯】

肝氣運行悠遠綿長，

列於五臟輝映三光。

上合三焦降下玉漿，

神明魂魄聚在中央。

津液如泉滌除臭味，

稍停喉中即住明堂。

猛火烹煉往來相聞，
右肺左肝心神居中。

下部經

【題解】這一部分共八章，主要敘述存守虛無，精氣就會遵循大道，在體內上下周流運轉，烹煉結丹。還對存思肝肺心脾胃腎等在養生煉氣中的作用，予以相應解說。

十七章

伏於志門❶候天道❷，
近在子身還自守。
清靜無為神留止❸，
精神❹上下開分理❺。
精候天道❻長生草❼，
七竅已通不知老。
還坐天門❽候陰陽❾，

下於喉嚨神明通，
過華蓋❿下清且涼。

【注釋】❶志門　玄門，指道教。伏于志門，拜伏在道教門下。❷候天道　持守天道，亦即守一，守虛無。❸神留止　神留住身內，不外馳。此神指《黃庭經》所列住於體內各器官之神。❹精神　此作精氣，其運化如神也。❺開分理　貫通全身之脈絡分支。❻精候天道　精心專一持守天道。❼長生草　一種多年生草本植物，冬不枯黃。據宋宋祁《益都方物略記・長生草》：「色與柏類，苒苒其莖，冬不甚黃，故謂長生。」注曰：「山陰蕨地多有之，修莖茸葉，色似檜柏而澤，經冬不凋損，故號長生。」此處比喻能專一持守天道，就如長生草一樣永生。❽天門　在兩眉間，即天庭也。❾候陰陽　觀察守候陰陽二氣的交感變化。❿華蓋　眉毛。

【語譯】

拜在玄門持守天道，
道在自身還須自守。
清靜無為神留不去，
精氣上下貫通脈絡。
專守天道如長生草，
七竅通暢不知衰老。
坐於天庭守候陰陽，

下行喉嚨神明通達，
再過眉下清新涼爽。

十八章

入清靈淵❶見吾形，
期成還年❷可長生。
還過華下❸動腎精，
立於明堂望丹田❹。
將使諸神開命門❺，
通利天道存靈根❻。

【注釋】❶清靈淵　清澈空靈微妙玄通之境。為修煉者閉目內視之初所呈現之幻象。進而其中還會出現自己的形體，如對明鏡臨深井一樣清晰，這是一種神祕的直覺體驗。❷期成還年　經過一定週期修煉，而返回原來年齡。❸華下　華蓋之下。即兩眉下方，為群神會合，相互接引之處，腎氣亦被引動上升。❹丹田　上丹田，位於眉間向內三寸處。與明堂相鄰，故曰相望。❺命門　所指不一，有眉目、鼻、右腎、脾、下丹田、兩腎間、臍、臍下等，此或指鼻。據《外景經》下「三府相得開命門」，梁丘子注：「命門者，鼻也。」❻存靈根　存思腦神與腎神。靈根指泥丸宮之腦神和下丹田之腎神。

【語　譯】

入空靈境見己之形，
期成還年可得長生。
再過眉下引動腎精，
停於明堂對望丹田。
將使諸神開通命門，
通利天道存思腦腎。

十九章

陰陽列布❶若流星❷，
肝氣周還終無端❸。
肺之為氣三焦起，
上座天門❹候故道❺。

津液醴泉❻通六府❼，
隨鼻上下❽開兩耳。
窺視天地❾存童子❿，
調和精華⓫治髮齒。

【注釋】❶陰陽列布　陰陽定位。❷若流星　陰陽定位，相互發生浮沉升降、動靜相感。剛柔相摩、氤氳相蕩的持續衝撞振蕩，像流星般快速有光彩。比喻體內關閉三關百脈九竅，通過二氣的周流振蕩，結氣成丹，光若流星。❸無端　循環往復，周流不止，無有盡頭。❹天門　頭部之泥丸宮。❺候故道　存守本根。本根指人之肚臍。《大同玉經》卷下注：「本命之根即臍輪，子母分氣之根蒂也。」❻醴泉　甘美的甜酒，津液之美稱。❼六府　即六腑。據《素問・金匱真言論》，六腑為胃、大腸、小腸、三焦、膽、膀胱。《太平御覽》卷三六三引《韓詩外傳》：「何謂六府？咽喉量入之府，胃者五穀之府，大腸轉輸之府，小腸受成之府，膽積精之府，膀胱精液之府也。」兩說相近。❽隨鼻上下　緩慢呼吸元氣，在鼻腔中上下運行，不停止。亦為吐納導引之法。❾窺視天地　上觀天之三光，下察大地之理。不是用格物方法，而是反觀內照，即玄觀方法，如《老子》之「滌除玄覽」方法。❿存童子　存思心神。⓫調和精華　調和口中津液。為行氣咽津之法。據務成子注：「精液華池，常以雞鳴啄齒三十六下，嗽咽之。常以管籥開閉九孔，皆上頭中，治髮齒。」就是啄齒咽津後，不使漏地，而令其反歸頭部，滋養、治理髮齒，使髮黑齒堅。

【語　譯】

二氣定位蕩如流星，
肝氣周流無有盡頭。
肺氣之發起於三焦，
上天天門存守本根。
津液甘美貫通六腑，
隨鼻呼吸通於兩耳。
玄觀天地存守心神，
調和津液潤髮治齒。

二十章

顏色光澤不復白，
下於喉嚨何落落❶。
諸神皆會相求索❷，
下入絳宮紫華色❸。
隱藏華蓋觀通廬❹，

專守心神轉相呼❺。
觀我神明辟諸邪❻，
脾神還歸依大家❼。
致於胃管❽通虛無❾，

藏養靈根不復枯。

閉塞命門如玉都❿，
壽傳萬歲年有餘。

【注釋】❶何落落　多麼清澈。指流注喉嚨之津液，清澈而豐盈。❷相求索　相互求索。❸紫華色　紫色帶花帷幕。心屬火，色赤近紫，故心宮帷幕為紫花色。❹觀通廬　玄觀精氣通過鼻腔。皆存思內視之景。❺轉相呼　輾轉相呼。心神為國主，專守心神，則諸神輾轉相呼來見。❻辟諸邪　使諸般邪惡、妖魔鬼怪避開，不敢為惡。❼大家　太倉，指胃。脾神白天與諸神聚會於明堂，晚間回歸，其宮與胃相依相合，稱大家。❽胃管　胃之入口通道。❾通虛無　通往虛無之景。虛無喻臟腑諸竅百脈之空虛處。❿玉都　指身體。身為眾神聚居之處，如都邑。

【語譯】

面色光潤髮不變白，
津液注喉多麼清澈。
諸神聚會相互求索，
下入絳宮紫花帷幕。
隱於眉下玄觀通鼻，
專守心神諸神皆來。
觀我身神諸邪遠避，
脾神回歸依併太倉。
通過胃管流向周身，
藏養靈根身不乾枯。
閉塞丹田身如都邑，
壽達萬歲生命永存。

二十一章

脾中之神主中宮❶，
朝會❷五藏列三光❸。

上合天門❹合明堂，
通利六府調五行。
金木水火土為王❺，
通利血脈❻汗為漿❼，
修護七竅去不祥❽。
二神相得❾化玉英❿，
上稟天氣命益長。

【注釋】❶中宮　身體中央戊己土宮。為脾宮，故由脾腎主之。❷朝會　會見。一般用於君主會見臣下。❸列三光　諸神依序排列，仰觀日月北斗之光。❹天門　頭部之泥丸宮，與明堂宮相鄰。精氣上行，會合於此。❺金木水火土為王　金木水火土五者，以土為主。《了三得一經》：「都是土生萬物，脾實當之。木得土而花榮葉茂，金得土而氣斂光全，火得土而成形煉質，水得土而滋性凝情。苟不得中宮之元竅，則肺氣失調而鼻以聾，肝氣失養而目以昏，腎氣失和而耳以蔽，心氣失榮而舌以疲。」土於五行，脾於五臟，皆處尊位，故稱為王。❻通利血脈　氣血充盈，血脈通暢不窒塞。❼汗為漿　形容排汗順暢，出如水漿。❽去不祥　去除體內邪氣汙物。❾二神相得　陰陽相交合。亦用坎離、水火、夫婦、男女、日魂月魄等相合來表述，其意大致相同。❿玉英　陰陽相合自然化生之津液。

【語譯】

脾中之神主宰中宮，
眾神朝見列觀三光。
上行會合天庭明堂，
通暢六腑調諧五行。
金木水火以土為王，
血脈通暢排汗如漿，
修護七竅去除不祥。
陰陽相合化生玉英，
上受天氣壽命更長。

二十二章

日月列布張陰陽❶，
五藏之主腎最精❷。
伏於太陰❸成吾形❹，

出入二竅❺合黃庭❻。
呼吸虛無❼見吾形，
強我筋骨血脈盛❽。

【注釋】❶日月列布張陰陽　日月定位，陰陽張設。此為對天道之描述，日出月入，晝夜交替，寒暑更迭等，便是具體表現。人體亦與此相合。❷腎最精　腎為最根本的藏精之府。精指先天之元精，生命之根本，是道教修煉內丹的基本材料。腎藏腎陽、元陽、真陽與腎陰、元陰、真陰，為藏精之府。腎主骨，骨生髓，而「腦髓之海」，所以身精足，則精力充沛，思維敏捷，記憶力強，筋骨強健。道教認為，通過修煉，使精氣充足，推進元陰元陽互濟互根，可上升與心火相濟，協調臟脾功能等。❸太陰　下丹田之洞房宮，在腎臟下方，為陰中之陰，故稱太陰。❹成吾形　成陰陽合和之形。❺二竅　指兩身。腎與兩耳百脈相應。腎屬水，耳亦屬水，故上下相應和，津液貫通。❻黃庭　脾宮。❼虛無　道之本體。從虛無之道化生元氣，元氣化生萬物。就人身言，呼吸元氣雖無形，卻能生化有形，玄觀內視可見之。道教有十三虛無說，對虛無本體之屬性作了多方界定。❽強我筋骨血脈盛　使我筋骨強壯，血脈旺盛。腎精充足，可使筋骨強健，加強心臟功能，促進津液生成，血脈旺盛。

【語譯】
日月定位陰陽張設，
五臟之根在於腎精。

伏太陰下以成吾形，
出入兩耳會合脾宮。
呼吸元氣內見其形，
強我筋骨血脈旺盛。

二十三章

恍惚❶不見過青靈❷，
坐於廬下❸見小童❹。
內息思存❺神明光，
出於天門入無間❻。
恬淡無欲養華莖❼，
服食玄氣❽可遂生❾。
還過七門❿飲大淵⓫，

我道懸膺⓬過青靈。
坐於膺間見小童，
問於仙道⓭與奇方⓮。

【注釋】❶恍惚　形容元氣似有若無，不可感知的存在狀態。❷青靈　泛指腦宮。❸廬下　鼻腔之下。❹小童　或指心神。❺內息思存　閉合雙眼，排除外界干擾和心內雜念，心平氣靜，專注存思。《黃庭經》以存思體內臟腑諸神為主。《太上老君內觀經》則主張把心和宇宙一體存思。如說：「內觀之道，精神定心，亂想不起，邪妄不侵……外觀萬景，內察一心，了然明靜，靜亂俱息。」兩者小有差別。❻無間　至微至細，幾乎沒有間隙。此指精氣滲入體至微細處，無處不到。❼華莖　頭髮。❽玄氣　即玄精，指體內之元氣，服之可以治病養生。《真誥》卷十：「夫學生之人必夷心養神，服食治病，使腦宮填滿，玄精不傾，然後可以存神服霞，呼吸二景耳。」❾遂生　遂意生長。❿七門　七竅，口一，鼻眼耳各二，合為七。⓫大淵　口中津液。⓬懸膺　同玄膺，喉中。⓭仙道　養生內煉，長生成仙之道。⓮奇方　奇方異術，如長生不死藥方，神奇異能之術等。

【語譯】
元氣恍惚通過腦宮，
坐在鼻下觀看心神。
內息存思諸神光彩，
出天庭宮入至微處。

恬淡無欲保養美髮，
服食元氣遂意長生。
周流七竅咽飲津液，
導自喉中再過腦宮。
坐在喉中看望心神，
詢問仙道還有奇方。

二十四章

服食芝草❶紫華英❷，
頭戴白素足丹田❸。
沐浴華池❹生靈根❺，
三府❻相得開命門。
五味皆至善氣還❼，
被髮行之可長存。

大道蕩蕩❽，心勿煩❾，
吾言畢矣慎勿傳❿。

【注釋】❶芝草　又稱芝、靈芝。一種菌類。古人以為瑞草、仙草，食之可以長生。有種種傳奇記載，如《本草綱目》卷二八引《神農經》云：「山川雲雨，四時五行，陰陽晝夜之精，以生五色神芝，為聖王休祥。」靈芝多種，功效不同，服之可稱「地仙」、「神仙」。此喻真元之氣。❷紫華英　仙草之類。此喻津液。道教服食之法，大體有二類，一類靠服食丹藥長生成仙，為外丹法；一類修煉辟穀食氣，在辟穀之先要經歷服食草、果，再過渡到完全靠服氣以為生。《黃庭經》主張用後法。❸頭戴白素足丹田　對先天腎精的形象描述，言其上明下暗，出自丹田。❹華池　口腔。❺靈根　舌。❻三府　上中下三丹田。❼五味皆至善氣還　五邪相誘，正氣依然。五味，引發貪慾的五種氣味，比喻五種邪氣。善氣還，正氣還依然如故，未被擾亂。❽蕩蕩　明朗開闊。❾心勿煩　用心專一，不煩雜。❿慎勿傳　謹慎傳播，不可輕傳非人。

【語譯】

服食元氣吞咽津液，
腎精上明下立丹田。
沐浴口腔滋養靈根，
三田相得開通命門。
五邪相誘正氣依然，
披髮行道可得長生。

大道廣闊用心勿雜，
吾言已畢慎勿輕傳。

新譯陰符經

上篇

觀天之道，執天之行❶，盡矣。

【注釋】❶觀天之道二句　此句是全書總綱，旨在說明人所應盡而能盡的職能，是在認識和掌握天道自然之規律的基礎上，順天應時。觀，視也，認識之義。執，掌握。天之道，謂道家意義的自然而然之道。天之行，謂天地運行之規律。

【語譯】認識天道之自然而然的品格，掌握天地萬物運行之律則，順天應時，人事之道便盡在其中矣。

天有五賊❶，見之者昌❷。五賊在心，施行於天❸。宇宙在乎手，萬化生乎身❹。

【注釋】❶天有五賊　謂天道運行之規律在於五行之相生相剋。賊，害也。五賊，五行。❷見之者昌　謂認識天道規律，即前文所說「觀天之道」。❸五賊在心二句　謂掌握天道運行規律後而盡人事。心，人心。施行，興之也。❹宇宙在乎手二句　此二句是全書之歸宿，即吾人修煉的歸宿。得道之後，人即可掌握宇宙萬化之樞紐，而與天地齊一。

【語　譯】天道運行規律是五行相生相剋，人認識並掌握到即可使生命昌盛而不衰落。心存天道律則，即可舉人事、盡人能，參天化育。如此宇宙萬化繫於一身，而與天地萬物同流。

天性❶，人也；人心，機❷也。立天之道，以定人也。

【注　釋】❶天性　天之道。❷機　機栝；機制。指活動的發動處。通常有「心機」一詞，此是人的靈動源泉。

【語　譯】天之道即是人之道，人之心機為人的靈動基礎，故立天之道以定人之應盡能盡之職能。

天發殺機❶，移星易宿❷；地發殺機，龍蛇起陸❸；人發殺機，天地反覆❹。天人合發，萬變定基。

【注　釋】❶殺機　天有五行之氣，相互更迭而有生殺之功，殺機指演變的發動。❷移星易宿　謂天上的星辰移動。❸龍蛇起陸　謂陸上的龍蛇驚動起來，喻意萬物萌生。❹天地反覆　謂天反地覆。天、地、人為宇宙中的「三才」，宇宙大化遷流的源泉即是此「三才」之功。此句特別強調人在宇宙中的地位。

【語　譯】天發殺機，斗轉星移；地發殺機，萬物萌生；人發殺機，天地反覆。天人合發，宇宙萬物方始定基。

性有巧拙，可以伏藏❶；九竅之邪，在乎三要，可以動靜❷。

【注釋】❶性有巧拙二句　謂人性有巧拙之分，巧者才長，拙者才短，但無論性之為巧為拙，皆可以使之伏藏，此乃立天道定人道之始也。伏，不起。藏，不顯。伏藏，指內心活動隱藏不顯。❷九竅之邪三句　謂耳必聽，目必視，口必言，此三者最易起邪，人唯有知道、得道方可有無邪之動靜。九竅，人身體的九個器官，指兩目、兩鼻、兩耳、一口、前陰、後陰。三要，耳、目、口。邪，不正也。

【語譯】性有巧拙，通過修煉可以使之伏藏；防止九竅之邪，關鍵在於耳、目、口三者，通過修煉可以使之有合理的流露。

火生於木，禍發必剋❶；奸生於國，時動必潰❷。

【注釋】❶火生於木二句　火發則木為之焚。木生火，卻又死於火，是相生而相剋也。❷奸生於國二句　奸佞之輩對於國家而言，亦猶火之於木。

【語譯】火生於木，火發則焚木；奸生於國，時至則國必亡。

知之修煉，謂之聖人❶。

【注釋】❶知之修煉二句　此句為上篇之結束，以知道並依之修煉來總結上文。知，知上文所言之道理也，知觀天之道、知殺機、知伏藏、知動靜、知剋潰等，總括而言即是知道也。

【語譯】知道而依道修煉身心，謂之聖人。

【研析】上篇旨在說明自然而然之天道，乃為人道之大本大源，亦為人修煉身心之準則，以此指出人修煉而成聖人之途徑。首先天道以五行之相生相剋為其律則，而人之為人有心機、有人性、亦有感覺官能，這是需要修煉提升而合天道自然的。人為宇宙中三才之一，地位及價值無量，順天應時而行，即可參贊天地化育之功。

中篇

天生天殺，道之理也❶。天地，萬物之盜；萬物，人之盜；人，萬物之盜❷。三盜既宜，三才既安❸。

【注釋】❶天生天殺二句　謂自然的既生養既伐戮，乃天道自然的規律。天生天殺表達的含意是宇宙間的事物既相生亦相剋，這是宇宙運行的根本規律，這一規律主宰著萬物的生存。相生相剋為自然界活動的自然而然的法則。此句的含意具體表現為下句所指。理，規律；法則。❷盜　剋星；伐戮者。亦為前句所云的「天殺」之機。天地生萬物亦殺萬物，從天地萬物之關係的相剋而言，曰「盜」。❸三盜既宜二句　謂天、地、人三者之相生相殺各得其當，則此三者之生存各得其所。天、地、人三者處於相生相剋的關係中，倘有合理的相生相剋，那麼此三者即在和諧的境地中發展。三盜，天、地、人。天、地、人既相生，又相剋，自相剋言，稱為「三盜」。既宜，相得；相互制約得當。三才，天、地、人。既安，和諧；太平。指宇宙間萬物處於太和境地。

【語譯】自然的既生養既伐戮，既相互生存又相互剋制，乃天道自然之規律。天地，是萬物的剋星。萬物，是人的剋星。人，是萬物的剋星。天、地、人三者若相生相剋各得其當，天、地、人三才能各得其所，在和諧的境地中充分展現自己的生命。

故曰：食其時，百骸理❶；動其機，萬化安❷。人知其神❸而神，不知其神之所以神也。

【注釋】❶食其時二句　謂依順天地的時令來安排飲食，身體才能得到調理。天地萬物乃為人生存之資養，故人之飲食是否得當，應以天地的時令為標準來安排。食，飲食。時，時令；節氣。指四季早晚。百骸，身體。骸指人骨。理，調理。❷動其機二句　人的動作掌握時機，宇宙之變化方能正常地進行。機，時機；天地生殺之機。蓋人並非被動存在，其對天地有相生相剋之作用。❸神　神妙莫測。指宇宙萬物變化的特點。

【語譯】所以說，飲食與天地的時令相適當，身體才能得到調理。人的行動能把握住時機，才可使宇宙的變化正常地進行。人只知道天地萬物的變化是神妙莫測的，但是不知道這種神妙莫測的變化之所以神妙莫測的原因。

日月有數❶，大小❷有定，聖功生也，神明出焉❸。

【注釋】❶數　度數；定數。❷大小　律曆之大小。❸聖功生也二句　天地變化不外乎時令變化之數，故聖功之所生，神明之所以出，皆由此而已。聖功，造化的功能。神明，神妙莫測的變化。

【語譯】日月之運行有其度數，律曆之大小有其定分。正由此度數與定分，天地造化功能才會發生，宇宙的神妙莫測變化才會出現。

其盜機❶也，天下莫能見，莫能知。君子得之固躬❷，小人得之輕命❸。

【注釋】❶盜機　生殺的機制。指五行之流行所產生的相生相剋的機制。此盜機神妙而難識。❷固躬　強固自身。躬指身體。❸輕命　喪失性命。輕，放棄；喪失。朱熹云：「君子知命而不妄動，小人不知命而妄動。」

【語譯】天地變化的生殺機能，一般人是看不到的，是難以知曉的。君子掌握到它，可以強固自身，小人看到它，卻容易妄動而喪失性命。

【研析】《陰符經》中篇意在闡明：宇宙的運行及宇宙間萬物的生存，乃是在相生相剋的關係中所造就的和諧境地中實現的。首先，主宰著宇宙演變的規律是一個矛盾體，既生養既伐戮，這就是事物間的關係，亦為事物生存的主宰力量。此種情形是自然界所本然固有，所謂自然而然的法則。其次，由矛盾的變化形成的境地是和諧，這一和諧乃是一個動態過程，而非由一方主宰另一方，非指一個靜止的狀態。相生相剋本身即指謂著變化的過程。最後，對人而言，其內在的心理、生理諸方面應是和諧的，其與宇宙的關係應是相應的，這就是人修行的理想境地。此關鍵在於把握演變之機，所謂握其玄機、玄珠，由此而與天合一。

《陰符經》中篇有如下三點值得我們注意。其一，何者為和諧？和諧不是同一之謂，不是某一物向另一物看齊。這是一種僵死的狀態。相生相剋本身內在地形成流動，自然界本身是一活動。守靜止的同一易，獲得動態的和諧難。由此才說個中三昧神妙莫測，修行者應當與所處境遇化而為一，這就要深體變化之道。其二，何者為和？生存不是獨自孤伶伶地發育，更不是不顧一切地自我膨脹。現代較流行利己主義、個人主義的生存意識，這無疑自絕生路。生必以剋為前提，剋雖有對生者的伐戮之意，但生者之生也正是剋者所賦予的。進而言之，由剋而成就諸生者各得其所，否則只剩下殘殺了。這就是《陰符經》為什麼用「盜」、用「殺」、用「賊」等詞的道理所在。其三，人與宇宙是何種關係？上篇首先確定了天道乃人活動的準繩，但是人非被動的生存者。人與宇宙處於相生相剋之關係中，對人而言，人更應該注意切莫妄自尊大，戡天役物，以人為中心、以我為中心，如此則將破壞自身存在的土壤，無疑自掘墳墓。人應對天地抱有敬意才對。

下篇

瞽者❶善聽，聾者善視。絕利一源，用師十倍；三反晝夜，用師萬倍❷。

【注釋】❶瞽者　盲人。❷絕利一源四句　謂主事專精，自心不亂，可收到常情用力十倍之效；三思反覆晝夜，精專舉事，可收到用力萬倍之效。絕利，塞耳則視明，閉目則聽審。師，兵；軍隊。引申指力量。三反，反覆。此句意為修煉者應三思而後行，若寡於精思，輕舉妄動，則將導致失敗的境地。

【語譯】目盲的人聽覺靈聰，耳聾的人視覺敏銳。一個功能斷絕使用，則另一功能必將精進，可發揮出常情用力十倍的功效；三思反覆晝夜，可收到常情用力萬倍的效果。

心生於物，死於物，機在於目❶。

【注釋】❶心生於物三句　謂由於目視物而使心生妄念，最終因心被外物牽累而損生。所以謂此間關鍵在於目。故此修煉者當戒目以收心則無遭災之患。

【語譯】人心因妄視而生妄情，終則為外物牽累誘惑而損生，這裡的關鍵在於目。

天之無恩而大恩生❶，迅雷烈風，莫不蠢然❷。

【注　釋】❶天之無恩而大恩生　此句意為天地生養萬物之大德，給予萬物生命之大恩情。❷蠢然　蠕動的樣子。

【語　譯】天地無心無恩才有給予萬物生命這樣的大恩情。迅猛的雷電，劇烈的大風，使萬物蠢蠢而動，生機勃發。

至樂性餘，至靜性廉❶。天之至私，用之至公❷，禽之制在炁❸。

【注　釋】❶至樂性餘二句　謂最大的快樂可使性情悅樂逍遙有餘；最大的安靜可使性情閒逸，神貞志廉。至樂，至樂無聲；非聲色犬馬之樂。餘，有餘。性餘即逍遙有餘。至靜，心平氣和，不為聲色所干擾。廉，節省；單純；純潔。性廉即精神貞定於一，志向純潔不二。❷天之至私二句　謂天道隱祕不可窺測，然其生成萬物之功用卻昭然顯著。私，隱匿；人所不見。用，天道之功用、功能；亦即生成萬物。公，顯著；明白可見。此句意為天道本身是隱不可見的，然而它的功用之顯發，即生成萬物，卻是歷歷可見的。❸禽之制在炁　謂把握天道的運行機制在氣。禽，通「擒」。逮住；把握。制，機制。炁，通「氣」。道教用「炁」字，指稱天地陰陽之氣，對人而言是先天元氣。

【語　譯】最大的快樂可使性情悅樂，逍遙有餘；最大的寧靜可使性情閒逸，神貞志廉。天道隱匿不可窺測，然而它的生成萬物之功用卻是昭然顯著。把握天道運行的機制在於氣。

生者死之根，死者生之根。恩生於害，害生於恩❶。

【注釋】❶生者死之根四句　貪生惡死乃人之常情，故皆厚養其身恐致死亡，養生、求生成了人之生存的基本追求。而人之生必有衣食等為資具，故此為求得生存之資具而勞神役心，所求愈過，所損愈甚。此乃人心為物慾所控制，循物之心本出於養生，然其結果卻反招禍患，故過分養生反成為損壽之根。此即生者死之根義。相反，不為養生而生，則脫去了逐物之累，反倒活得自在。莊子說「心若死灰，形同槁木」，表面看似為死之象，然卻得了真長生。故云死者生之根。恩害互生，亦同此理。根，原因。

【語譯】生是死的原因，死是生的根由。恩自害中發生，害亦從恩中生長。

愚人以天地文理聖，我以時物文理哲❶。

【注釋】❶愚人以天地文理聖二句　愚人觀天地之文理，恐災禍及身而求吉祥，故此愚人以觀天地之文為通達事理，為存身之聰明之舉。然而君子卻認為存亡禍福皆在於己，明時物文理，只是以善道隨時應物，正確處理現實的實際情況，故縱有災禍而不為害。天地文理，天地之文理，即自然界的祥瑞、災異現象，如水旱之為天災等。聖，通達事理；聰明。時物文理，時物之文理；時指日月星辰的運轉變化，物指山河大地動植等物的現象。哲，明智。

【語譯】愚人以觀天地之自然變化為通達事理，我卻認為天時地理等自然現象的運轉規律，是可知可見。

人以虞愚❶聖❷，我以不虞愚聖。人以期❸其聖，我以不期其聖。

【注釋】❶虞愚 欺騙愚昧之人。虞，欺騙；欺詐。❷聖 聰明；才智勝人。❸期 期待運氣之義。

【語譯】別人以欺騙愚昧為聰明，我卻以不欺騙愚昧為大智。別人以追求氣運為明智，我卻以不追求氣運為真智慧。

故曰：沉水入火，自取滅亡❶。

【注釋】❶沉水入火二句 人之死亡實乃咎由自取，如沉水自溺，投火自焚一樣。謂死與生，皆在人自己的所作所為。沉水入火，沉入水底，跳入火海。

【語譯】所以說，沉入水底，投入火海，都是自取滅亡。

自然之道靜，故天地萬物生❶。天地之道浸，故陰陽勝❷。陰陽相推❸，而變化順矣。是故聖人知自然之道不可違，因而制❹之。

【注釋】❶自然之道靜二句 天生萬物乃天道自然而然之功，天道寂靜，毫不造作，方能實現其自然而然之功能。老子說「道常無為而無不為」（《道德經》三十章），「無不為」即指生養萬物。自然之道，道；天道。靜，清靜無為；自然而然。❷天地之道浸二句　天地之道本身幽微，然其活動卻分成陰陽。天地之道活動的過程，即所謂由微至顯。天道通過陰陽變化而顯現自己。浸，浸微；細微；幽隱。勝，顯勝；興盛；顯發。❸陰陽相推　《易・繫辭上》云：「剛柔相推而生變化。」剛屬陽，柔屬陰。相推，推蕩；相互作用。❹制　規劃；制定。

【語　譯】自然之道清靜無為，所以才有宇宙萬物之生成。天地之道浸微莫測，所以才分成陰陽以表現自己。陰和陽相互推蕩，所以才有變化之順暢進行。是故聖人知道自然之道是不可違逆的，所以才因其勢而規劃它。

至靜之道❶，律曆❷所不能契❸。爰❹有奇器❺，是生萬象❻。八卦甲子，神機鬼藏❼。陰陽相勝之術，昭昭乎進乎象矣❽。

【注　釋】❶至靜之道　自然之道；天地之道。上文有「自然之道靜」句。❷律曆　樂律和曆法。❸契　契合；相應。❹爰　於是。❺奇器　指六壬之術，古代用陰陽五行占卜吉凶的一種方法。❻萬象　陰陽變化的各種景象。❼八卦甲子二句　指六壬之術含藏著神妙的天機。八卦甲子，即六壬之術。神機，天機；陰陽變化之神妙莫測的機能。鬼藏，深藏於其中。❽陰陽相勝之術二句　此句意為六壬之術將天機之真相明白地顯現出來。蓋因天機幽隱而不可測，故有六壬之術出現，揭示宇宙流行之奧祕（天機、神機、陰陽相勝之術），乃六壬之術的功能。陰陽相勝之術，謂陰陽相互作用的法術。即上文所說的「神機」，亦是天機。昭昭，明白地；顯著地。象，指陰陽相勝之術的真實的、本來的面目。

【語　譯】寂靜幽隱的天道，是樂律和曆法所不能契合的。於是就有六壬之術產生出來，它把陰陽變化的種種景象逐一顯現。六壬之術將神妙的天機深藏於其中，陰陽相勝之法術便將它的法象明明白白地顯現出來。

【研　析】《陰符經》下篇的主旨在於，它闡釋了事物之間存在著利害相應、生死互生的關係，事情的真實面目即在於此。根據這樣的觀點，作者指出了立於不敗之地的途徑。就人而言，人的天然本能是貪生而惡死，所以人追求養生，而以心逐物，這一途徑反倒因其養而損生，無疑於自取滅亡。正確的途徑是以不養為養，以不求為求，也就是持著守柔、守靜、守雌的人生原則。這是對生死利害之間關係領悟之後才確立的異於常情的生存態度。這一態度把握到了天地變化的玄機，是因自然之道的規律而利導所致。最後，作者指出六壬之術揭示了神妙莫測的變化的天機，修煉者應當利用這一法術來把握天道之真相。

古籍今注新譯叢書

書種最齊全
注譯最精當

哲學類

新譯四書讀本	謝冰瑩等編譯
新譯學庸讀本	王澤應注譯
新譯孝經讀本	賴炎元等注譯
新譯論語新編解義	胡楚生編著
新譯易經讀本	郭建勳注譯
新譯周易六十四卦經傳通釋	黃慶萱注譯
新譯乾坤經傳通釋	黃慶萱注譯
新譯易經繫辭傳解義	吳　怡著
新譯禮記讀本	姜義華注譯
新譯儀禮讀本	顧寶田等注譯
新譯孔子家語	羊春秋注譯
新譯老子讀本	余培林注譯
新譯帛書老子	趙　鋒注譯
新譯老子解義	吳　怡著
新譯莊子讀本	黃錦鋐注譯
新譯莊子讀本	張松輝注譯
新譯莊子本義	水渭松注譯
新譯莊子內篇解義	吳　怡著
新譯列子讀本	莊萬壽注譯
新譯管子讀本	湯孝純注譯
新譯墨子讀本	李生龍注譯
新譯公孫龍子	丁成泉注譯
新譯晏子春秋	陶梅生注譯
新譯鄧析子	徐忠良注譯
新譯荀子讀本	王忠林注譯
新譯尹文子	徐忠良注譯
新譯尸子讀本	水渭松注譯
新譯鶡冠子	趙鵬團注譯
新譯鬼谷子	王德華等注譯
新譯韓非子	傅武光等注譯
新譯呂氏春秋	朱永嘉等注譯
新譯韓詩外傳	孫立堯注譯
新譯淮南子	熊禮匯注譯
新譯春秋繁露	朱永嘉等注譯
新譯新書讀本	饒東原注譯
新譯新語讀本	王　毅注譯
新譯潛夫論	彭丙成注譯
新譯論衡讀本	蔡鎮楚注譯
新譯申鑒讀本	林家驪等注譯

新譯人物志　吳家駒注譯
新譯張載文選　張金泉注譯
新譯近思錄　張京華注譯
新譯傳習錄　李生龍注譯
新譯呻吟語摘　鄧子勉注譯
新譯明夷待訪錄　李廣柏注譯

【文學類】

新譯詩經讀本　滕志賢注譯
新譯楚辭讀本　林家驪注譯
新譯楚辭讀本　傅錫壬注譯
新譯文心雕龍　羅立乾注譯
新譯六朝文絜　蔣遠橋注譯
新譯世說新語　劉正浩等注譯
新譯昭明文選　周啟成等注譯
新譯古文觀止　謝冰瑩等注譯
新譯古文辭類纂　黃　鈞等注譯
新譯樂府詩選　溫洪隆注譯
新譯古詩源　馮保善注譯
新譯千家詩　邱燮友等注譯
新譯詩品讀本　成　林等注譯
新譯花間集　朱恒夫注譯
新譯南唐詞　劉慶雲注譯

新譯絕妙好詞　聶安福注譯
新譯唐詩三百首　邱燮友注譯
新譯宋詩三百首　陶文鵬注譯
新譯宋詞三百首　汪　中注譯
新譯宋詞三百首　劉慶雲注譯
新譯元曲三百首　賴橋本等注譯
新譯明詩三百首　趙伯陶注譯
新譯清詩三百首　王英志注譯
新譯清詞三百首　陳水雲等注譯
新譯唐人絕句選　卞孝萱等注譯
新譯唐才子傳　戴揚本注譯
新譯拾遺記　石　磊注譯
新譯搜神記　黃　鈞注譯
新譯唐傳奇選　束　忱等注譯
新譯宋傳奇小說選　束　忱注譯
新譯明傳奇小說選　陳美林等注譯
新譯容齋隨筆選　朱永嘉等注譯
新譯明散文選　周明初注譯
新譯明清小品文選　鄭　婷注譯
新譯人間詞話　馬自毅注譯
新譯白香詞譜　劉慶雲注譯
新譯幽夢影　馮保善注譯
新譯菜根譚　吳家駒注譯

新譯小窗幽記　馬美信注譯
新譯圍爐夜話　馬美信注譯
新譯郁離子　吳家駒注譯
新譯歷代寓言選　黃瑞雲注譯
新譯賈長沙集　林家驪注譯
新譯揚子雲集　葉幼明注譯
新譯曹子建集　曹海東注譯
新譯建安七子詩文集　韓格平注譯
新譯阮籍詩文集　林家驪注譯
新譯嵇中散集　崔富章注譯
新譯陸機詩文集　王德華注譯
新譯陶淵明集　溫洪隆注譯
新譯江淹集　羅立乾等注譯
新譯庾信詩文選　歸　青注譯
新譯初唐四傑詩集　李福標注譯
新譯駱賓王文集　黃清泉注譯
新譯王維詩文集　陳鐵民注譯
新譯孟浩然詩集　楊　軍注譯
新譯李白詩全集　郁賢皓注譯
新譯李白文集　郁賢皓注譯
新譯杜甫詩選　張忠綱等注譯
新譯杜詩菁華　林繼中注譯
新譯高適岑參詩選　孫欽善等注譯

新譯昌黎先生文集　周啟成等注譯
新譯劉禹錫詩文選　閻　琦注譯
新譯柳宗元文選　卞孝萱等注譯
新譯白居易詩文選　陶　敏等注譯
新譯元稹詩文選　郭自虎注譯
新譯李賀詩集　彭國忠注譯
新譯杜牧詩文集　張松輝注譯
新譯李商隱詩選　朱恒夫等注譯
新譯范文正公選集　王興華等注譯
新譯蘇洵文選　羅立剛注譯
新譯蘇軾文選　滕志賢注譯
新譯蘇軾詞選　鄧子勉注譯
新譯蘇轍文選　朱　剛注譯
新譯曾鞏文選　高克勤注譯
新譯王安石文選　沈松勤注譯
新譯唐宋八大家文選　鄧子勉注譯
新譯柳永詞集　侯孝瓊注譯
新譯李清照集　姜漢椿等注譯
新譯陸游詩文集　韓立平注譯
新譯辛棄疾詞選　聶安福注譯
新譯歸有光文選　鄔國平注譯
新譯唐順之詩文選　馬美信注譯
新譯徐渭詩文選　周　群等注譯

新譯薑齋文集　平慧善注譯
新譯顧亭林文集　劉九洲注譯
新譯納蘭性德詞　馮　乾注譯
新譯方苞文選　鄔國平等注譯
新譯鄭板橋集　朱崇才注譯
新譯袁枚詩文選　王英志注譯
新譯李慈銘詩文選　潘靜如注譯
新譯聊齋誌異選　任篤行等注譯
新譯閱微草堂筆記　嚴文儒注譯
新譯浮生六記　馬美信注譯
新譯弘一大師詩詞全編　徐正綸編著

歷史類

新譯史記　韓兆琦注譯
新譯漢書　吳榮曾等注譯
新譯後漢書　魏連科等注譯
新譯三國志　吳樹平等注譯
新譯資治通鑑　張大可等注譯
新譯史記—名篇精選　韓兆琦注譯
新譯尚書讀本　吳　璵注譯
新譯尚書讀本　郭建勳注譯
新譯周禮讀本　賀友齡注譯
新譯逸周書　牛鴻恩注譯

新譯左傳讀本　郁賢皓等注譯
新譯公羊傳　雪　克注譯
新譯穀梁傳　顧寶田注譯
新譯春秋穀梁傳　周　何注譯
新譯戰國策　溫洪隆注譯
新譯國語讀本　易中天注譯
新譯說苑讀本　左松超注譯
新譯說苑讀本　羅少卿注譯
新譯新序讀本　葉幼明注譯
新譯吳越春秋　黃仁生注譯
新譯西京雜記　曹海東注譯
新譯列女傳　黃清泉注譯
新譯越絕書　劉建國注譯
新譯燕丹子　曹海東注譯
新譯東萊博議　李振興等注譯
新譯唐六典　朱永嘉等注譯
新譯唐摭言　姜漢椿注譯

宗教類

新譯金剛經　徐興無注譯
新譯高僧傳　朱恒夫等注譯
新譯碧巖集　吳　平注譯
新譯百喻經　顧寶田注譯

新譯楞嚴經　賴永海等注譯
新譯梵網經　王建光注譯
新譯圓覺經　商海鋒注譯
新譯法句經　劉學軍注譯
新譯六祖壇經　李中華注譯
新譯禪林寶訓　李中華注譯
新譯維摩詰經　陳引馳等注譯
新譯經律異相　顏洽茂注譯
新譯阿彌陀經　蘇樹華注譯
新譯無量壽經　邱高興注譯
新譯無量壽經　蘇樹華注譯
新譯妙法蓮華經　張松輝注譯
新譯景德傳燈錄　顧宏義注譯
新譯大乘起信論　韓廷傑注譯
新譯釋禪波羅蜜　蘇樹華注譯
新譯八識規矩頌　倪梁康注譯
新譯永嘉大師證道歌　蔣九愚注譯
新譯華嚴經入法界品　楊維中注譯
新譯地藏菩薩本願經　李承貴注譯
新譯悟真篇　劉國樑等注譯
新譯无能子　張松輝注譯
新譯坐忘論　張松輝注譯
新譯列仙傳　張金嶺注譯

新譯抱朴子　李中華注譯
新譯神仙傳　周啟成注譯
新譯性命圭旨　傅鳳英注譯
新譯老子想爾注　顧寶田等注譯
新譯周易參同契　劉國樑注譯
新譯道門觀心經　王　卡注譯
新譯養性延命錄　曾召南注譯
新譯樂育堂語錄　戈國龍注譯
新譯冲虛至德真經　張松輝注譯
新譯長春真人西遊記　顧寶田等注譯
新譯黃庭經・陰符經　劉連朋等注譯

軍事類

新譯司馬法　王雲路注譯
新譯尉繚子　張金泉注譯
新譯三略讀本　傅　傑注譯
新譯六韜讀本　鄔錫非注譯
新譯吳子讀本　王雲路注譯
新譯孫子讀本　吳仁傑注譯
新譯李衛公問對　鄔錫非注譯

教育類

新譯爾雅讀本　陳建初等注譯
新譯顏氏家訓　李振興等注譯
新譯聰訓齋語　馮保善注譯
新譯曾文正公家書　湯孝純注譯
新譯三字經　黃沛榮注譯
新譯百家姓　馬自毅等注譯
新譯幼學瓊林　馬自毅注譯
新譯增廣賢文・千字文　馬自毅注譯
新譯格言聯璧　馬自毅注譯

政事類

新譯商君書　貝遠辰注譯
新譯鹽鐵論　盧烈紅注譯
新譯貞觀政要　許道勳注譯

地志類

新譯山海經　楊錫彭注譯
新譯水經注　陳橋驛等注譯
新譯佛國記　楊維中注譯
新譯大唐西域記　陳　飛等注譯
新譯洛陽伽藍記　劉九洲注譯
新譯徐霞客遊記　黃　珅注譯
新譯東京夢華錄　嚴文儒注譯

◎新譯道門觀心經

王卡／注譯　黃志民／校閱

本書從《道藏》中特別選出十篇短小的、與道教心性修持有關的經文，加以題解、校釋、語譯，以便讀者了解隋唐道教哲學和修持理論。本書對言簡意賅的原文，有時還大段引證同時代的其他道書，疏解經義。所有引證都儘量標明出處。且本書的語譯明白曉暢、切近原經旨義，更易幫助讀者了解經文真意與道書之美。